ハイリゲンシュタットの遺書の真実

～ベートーヴェンの先進性・革新性と人間性の秘密～

岸 伸典

幻冬舎MC

ベートーヴェンの肖像画（by クレーバー［1818年］）

「不治の病、絶望の淵、我が運命に希望あれ！」

目次

目次

イラスト　小澤一雄

はじめに

2020年は、ベートーヴェン生誕250周年の年です。世界的な新型コロナウイルスの感染拡大に伴い、人々の不安が日に日に増大しています。世界の感染者数は、8459万人を超え、死者数は1835万人に達しました。一方、日本においてはそれぞれ24万人、3645人です。（日本経済新聞2021年1月3日現在）。東京圏においては、2度目の緊急事態宣言が発出されようとしています。本来ならば、コンサートにおいても、満員の観客のもとでベートーヴェンの交響曲などが晴れやかに、高らかに演奏されていることでありましょう。しかし、現況は、観客数制限のもと、楽団員の間隔が密にならないように一定の距離を確保した上での演奏がなされています。クラシック音楽ファンは、寂しさを覚えていることでしょう。

私がベートーヴェンの交響曲に初めて接したのは、中学2年生のときでした。クラシック音楽好きの友人が交響曲を聴いてみないかと彼の自宅のレコードを聴かせてくれたのです。それまで交響曲を聴いた経験のなかった私は、「なにか難しそうで、とっつきにくい」と思っていました。小学校時代から、クラシック音楽には興味がありました。ズッペ作曲の「軽騎兵」やモーツアルト「トルコ行進曲」、シューベルトの「軍隊行進曲」などの短い楽曲のレコードを購入して楽しんでいました。その友人に、「交響曲は、長いので退屈ではないか」と問うたところ、「一般的に交響曲というのは４つの楽章に分かれているので、その一つひとつを1つの曲と思って聴けばよい」とのアドバイスを受け、何か煙に巻かれたような気持ちでベートーヴェンの交響曲を聴いたことを記憶しています。そのときの曲目は、交響曲第5番「運命」でした。まさに、私とベートーヴェンの運命的な出会いでした。「運命」を聴いたときに驚愕し、それまで聴き慣れていた音楽と全く異次元の音楽であり、世の中にこんな音楽があるものかと衝撃を受けました。「運命はかくのごとく扉を叩く」といわれている冒頭のジャジャジャジャーンに度肝を抜かれ、そのリズムで展開する第1楽章をあっという間に聴き終えました。その後、第４楽章冒頭の勝利の雄叫びのごときメロディーとファンファーレにえもいわれぬ感動を覚えました。ベートーヴェンは、20歳代後半から耳が段々聞こえづらくなり、最後は、全く聞こえなくなったと音楽の時間に教わりましたが、このファンファーレは、まさに運命を克服した勝利宣言のようにも感じられました。それが、私とベートーヴェンとの出会いでした。その後、私もベートーヴェンの「運命」とシューベルトの「未完成交響曲」がセットになったレコード（レナード・バーンスタイン指揮、ニューヨークフィルハーモニック）を購入し、続いて「英雄」、「第九」などを聴くようになり、ベートーヴェンに傾倒していきました。

　その後、ベートーヴェンの伝記や交響曲、ピアノ・ソナタなどに親しんでいた高校生のときに日本万国博覧会が大阪で開催（１９７０年3月開幕）されました。大阪万博では、アメリカのアポロ11号の宇宙飛行士が月から持ち帰った「月の石」が展示されて大いににぎわっていました。各国パビリオンでは、数時間待ちも珍しくなかったほどの盛況ぶりでした。偶然にもその年の１９７０年は、ベートーヴェンの生誕２００周年にあたっていました。その情報を得ていた私は、まずドイツ館に向かいベートーヴェン関連の展示を見ました。さらに、偶然にもベートーヴェン生誕２００周年の記念レコードが販売されていましたのでそれを購入し、大事に自宅に持ち帰ったことを今でも懐かしく記憶しています。ベートーヴェン生誕２００周年と２５０周年に立ち会えましたが、３００周年に立ち会えるかどうかは自信がありません。

　さて、導入が少々長くなりましたが、本題に進みましょう。あまりにも有名な「ハイリゲンシュタットの遺書」は、１８０２年10月にベートーヴェン31歳のときに、ウィーン近郊のハイリゲンシュタットでしたためられました。20歳代の後半から耳が聞こえづらくなり、人々が聞こえる鳥のさえずりや小川のせせらぎが聞こえない状態になりました。ベートーヴェンは、何よりも自然を愛し、森の中をさまようことを好んでいました。耳の不調によりその楽しみが奪われたことは、ベートーヴェンにとって大きな苦痛でありました。さらに、音楽家として耳の病気は致命的であることから、ベートーヴェンは、自殺をも考います。一方、その中で、「芸術が自殺を引きとめてくれた」とも記しています。

遺書後に作曲された交響曲第3番「英雄」以降の交響曲やピアノ協奏曲などの作品には遺書前のそれらに比べて著しい先進性・革新性が認められることから、「ハイリゲンシュタットの遺書」は、耳の病を苦にするものの芸術のために生きることを決意した遺書であるとする従来の一般的な位置づけをはるかに超える意義・意味を有すると私は捉えております。その背景を分析するとともに、その結果として生じたハイリゲンシュタットの遺書後のベートーヴェンの作品について、それらの先進性・革新性について各交響曲を主体に述べてまいります。

一方、ベートーヴェンは近づきがたい、頑固で堅物との印象を持たれている人々も多いと思いますが、本書では、ベートーヴェンが王侯貴族のための作曲家から脱した市民のための音楽家であったこと、そして、作曲家の独立性を初めて確立したこと、一生をかけて努力に努力を積み重ねて成長を続けた努力の天才であったこと、当時から宇宙的な規模での人類の自由と平等、平和と人類愛を希求していたこと、さらに、200年も前に「生物多様性」の意義を訴えていたことなどについて、そして、ベートーヴェンの人間性・矜持・生き方などについても興味深いエピソードをご紹介します。

ベートーヴェンの人間像および音楽については、専門的な立場から著された書籍があまた存在し、調べつくされ、研究しつくされています。従って、新しく語ることなど多くはありませんが、僭越ながら、一人のベートーヴェンファンとして「ハイリゲンシュタットの遺書」後の交響曲の先進性・革新性、そして、従来語られていなかった事実や独自の考察、さらに、ベートーヴェンの人間性にまつわる人間味あふれるエピソードなどをご紹介させていただきます。

読者の皆様のベートーヴェンに対する理解と興味を少しでも深めることに本書がお役に立てれば幸いです。

第1章

ベートーヴェンの家族と生い立ち

〔1〕祖父と父の存在

【ベートーヴェン家の家系：祖父の代から音楽一家】

ベートーヴェン家は、祖父の代からの音楽一家でした。祖父ルードヴィヒ・ヴァン・ベートーヴェン（楽聖と同じ名前）は、今のベルギーのフランドル地方のメヘレン出身であり、少年時代から歌が上手で、５歳のときに地元教会の少年聖歌隊員となりました。その後、オルガン奏者を務めたのちにリエージュの教会でバス歌手として歌っているところをケルン選帝侯のクレメンス・アウグストに認められて破格の高給をもってボン宮廷に迎え入れられました。その地で、マリア＝ヨーゼファ・ポルと結婚しました。やがて祖父は、音楽についての高い見識と人望を認められ、１７６１年に宮廷楽長に抜擢されました。

祖父は、自らの跡継ぎとすべく長男ヨハン・ヴァン・ベートーヴェンに音楽教育を施しました。ヨハンは、12歳のときに礼拝堂のボーイソプラノとしてデビューし、その後、声楽のほかにピアノやバイオリンも学び、16歳で宮廷音楽家の資格を得ました。ベートーヴェンの父ヨハンは、青年時代はまじめであったそうです。ヨハンは、ライン河上流に住む21歳の未亡人であるマリア・マグダレーナと結婚し、その二人の間に生まれたのがルードヴィヒ・ヴァン・ベートーヴェンです。偉大な祖父の名前を引継ぎ、祖父と同じ名前が命名されました。その祖父は、孫が3歳のときの1773年12月24日に突然の脳卒中により、孫の才能を見ることなく61歳でこの世を去りました。孫のベートーヴェンは、祖父を尊敬しており、死ぬまで自らの居室に祖父の写真を掲げ続けていたと伝えられています。

【父の異常なピアノ指導：虐待罪】

ベートーヴェンは、ヨハンとマグダレーナの次男として1770年12月16日に生まれました。一方、父ヨハンは、空席となった祖父の務めた宮廷楽長のポストを期待していましたが、作曲家としての実績のあるアンドレアス・ルッケージが任命されてしまいました。その耐え難き人事に打撃を受けたヨハンは、それを引き金にして深酒に浸ることになりました。これがベートーヴェンにとっての悲劇の始まりといえます。ヨハンは、ベートーヴェンが幼いころからピアノやバイオリンを教え込みました。しかし、その指導法は尋常ではなく、指導というより虐待を思わせる内容でした。例えば、ベートーヴェンをピアノに向かわせるために、泣き叫ぶ息子を叩かない日はなかったとか、鞭を持って怒りに震えながらベートーヴェンを叩いていたことなど近所の多くの人々の証言があったそうです。

酔っ払って夜遅くに帰宅したあとにベートーヴェンを叩き起こして朝までピアノを弾かせたことも一度や二度ではありませんでした。このようにヨハンは、異常ともいえる執念を持ってベートーヴェンに対峙していたことがうかがえます。この背景には、宮廷楽長の職を得られなかったことで怒りの捌け口としてベートーヴェンに暴力を加えていたこと、また、自らの才能をはるかに超える非凡なる才能を有する息子に嫉妬していたことなどが挙げられています。これらの虐待に近い暴力を受けても音楽を嫌いにならなかったベートーヴェンは、暴力に対する類まれなる耐性と音楽への本能的な熱情を有していたと推察されます。その父親は、ベートーヴェンがウィーンに再び出発した1カ月後の1792年12月18日にこの世を去りました。

【年齢を偽ったコンサートツアー：年齢詐称罪】

父親ヨハンは、ベートーヴェンの類まれなる才能に気付き、モーツアルトのように神童としてデビューさせることをもくろみました。ケルンで行われた演奏会の広告によると、1778年3月、シュルテン小路の音楽室において、6歳の息子のコンサートを行うとのことです。ベートーヴェンは、当時7歳でしたが、モーツアルトが6歳でデビューしていることから、モーツアルトへの対抗心と公演の興味を引き寄せるために、年齢を1歳ほど詐称したのです。このほかにも、ベートーヴェンが12、13歳くらいのときのコンサートにおいて複数回年齢詐称を行っていました。虐待まがいのピアノレッスンやコンサートにおける年齢詐称、アルコール中毒など、ベートーヴェンにとっては、まったくもって困った父親だったのです。この詐称のためにベートーヴェンは、自らの年齢を1歳若いものと思い込んでいたようです。後述しますが、ベートーヴェンが師として仰いでいた宮廷オルガン奏者のクリスティアン・ゴットロープ・ネーフェが「ベートーヴェンは、11歳（実は12歳と3カ月）の少年ながら、その才能は大いに有望である。将来、必ずや第二のモーツアルトになるだろう」とある雑誌に紹介した記事においても、ベートーヴェンの年齢は1歳若く記載されていました。ベートーヴェンは、師匠のネーフェに対しても自分の年齢を1歳若く伝えていたことから、自分の年齢を1歳若く認識していたのです。

【18歳にして一家の大黒柱：大変でした！】

父ヨハンは、アルコール中毒で給料を酒につぎ込み家庭に生活費を入れなくなってしまいました。母親の金銭的苦労を横で見つめていたベートーヴェンは、宮廷に父親の年収の半額を直接自分に渡してほしいと直訴しました。もし、父親が同意しないのならば、選帝侯領内のどこかの村に追放するという付帯条件までもつけたのでした。ベートーヴェンの家族を支える必死さがうかがい知れる事例です。

父親がベートーヴェンにそのような酷いことをしないでほしいと本気で懇願したため、結果としては、父親の年収の半額分を年４回の分割払いとすることで落ち着きました。

ベートーヴェン家の家計は若干潤いましたが、それでも、生活が苦しいことには変わりはありませんでしたので、ピアノのレッスンなどのアルバイトで少しでも家計を助けるべく奮闘していました。ベートーヴェンは、18歳の若年にして一家の大黒柱となっていたのです。ならざるを得なかったのです。

自分のことでも精一杯な年ごろにもかかわらず、このような過酷な環境下で重い責任を負わされたベートーヴェン。大変でした！

〔2〕母の存在

【母の経歴：宮廷料理長の娘】

ベートーヴェンの母マリア・マグダレーナは、ライン川とモーゼル川が合流するコプレンツで１７４６年に生まれました。その町は、エーレンブライトシュタイン城のある町として知られています。彼女の父親は、トゥリアー選帝侯の夏の宮殿の料理長を務めていました。宮中での宴席や儀式の料理をつかさどる大膳職の長官に相当する高い地位です。親戚には、事業家や参事会員や高位の聖職者がいたそうです。ヨハンの父親は、マグダレーナが21歳の未亡人ということで二人の結婚に難色を示しましたが、ヨハンは、父親の反対を押切って１７６７年に父親の家を出て、ボンガッセでマグダレーナとつつましい新所帯を構えたのでした。そして、ベートーヴェンは、１７７０年12月16日に生を受けました。

【母の性格：信仰深く、もの静かでまじめ】

　母マグダレーナは、もの静かで、まじめで、信仰深さと優しさ、そして聡明さをたたえた人であると母を知る知人は異口同音に話していました。また、親切で謙虚であったともいわれています。気まぐれでアルコール中毒の夫ヨハンを健気に支えていました。ベートーヴェン家と親交のあったツェツィーリア・フィシャーは、マグダレーナを「マグダレーナ夫人は、聡明な女性で、相手の上下にかかわらず、適切に、上品に、つつましく受け答えができ、そのため人から好かれ、尊敬されていた。裁縫や編み物に精を出し、家賃などを支払日に遅滞なく納めていた。彼女は善良な家庭婦人で、正直な考えの持ち主にふさわしいすべてをわきまえていた」と評しています。

【母との思い出：優しい母でした】

ベートーヴェンは、一般の親子以上に母と純粋な情愛で結ばれていました。母は、時にはパンにも事欠く貧困の17年間に7人の子どもを出産し、アルコール中毒の夫を立ち直らせようと心を砕いていました。崩壊寸前の家庭を何とか守ろうと協力する二人は、愛情で結ばれた同志のような関係にありました。このような背景から、ベートーヴェンは母親に対して深い愛情を抱いていました。

　しかし、母マグダレーナとベートーヴェンとの間のエピソードはあまり知られていません。以下のことが唯一のエピソードとして残されています。ベートーヴェンが11歳になろうとする年に、遠戚に招かれてオランダへの船旅に出たときのことです。船の上は非常に寒く、母が、ベートーヴェンが凍傷にかからぬようにと彼の足を自分のスカートにくるめて温めてくれました。さりげない光景ですが、6年後に永別することになるベートーヴェンにとって生涯忘れられない思い出となったことでしょう。その母は、１７８７年７月に40歳の若さにして肺結核で亡くなりました。その年の9月にヨーゼフ・ヴィルヘルム・フォン・シャーデン博士にあてた手紙で、ベートーヴェンは、「母は、ぼくにとって本当によい母、愛すべき母、最良の友でした。ああ、母のなつかしい名を声に出して呼びかけることができ、それが母に聞きとめられていたあのころ、ぼくは、最高に幸福でした。今は、何に向かって呼びかければいいのでしょう」と語っていることからも、彼は、自分を育ててくれた親である母に対して、普通に抱く想い以上に深い愛情を抱いていました。

〔3〕兄弟の存在：5男2女の行く末は？

先述の通り、マグダレーナは、ヨハンとの間に17年間で7人（5男２女）の子どもをもうけました。１７６９年４月に第一子である長男のルードヴィッヒ・マリーアが生まれました。しかし、生後1週間たたずに夭逝してしまいました。ベートーヴェンは７人兄弟の第二子で次男です。

その後、１７７４年に三男カスパル・アントン・カール、１７７６年に四男ニコラウス・ヨハンが生まれました。この二人は青年まで達することができました。１７７９年２月に長女のアンナ・マリーア・フランツィスカが生まれましたが、生後４日で死亡しました。１７８1年1月に五男のフランツ・ゲオルクが生まれましたが、２歳７カ月で死亡しました。１７８６年5月に次女マリーア・マルガレータが誕生しましたが、１歳６カ月で夭逝しました。ベートーヴェンと弟カールとヨハン以外の男子と女子は、残念ながら夭逝してしまいました。

このころは、多産多死の時代であり、ちなみに、ヴォルフガンク・アマデウス・モーツアルトも7人兄弟でありましたが、生き残ったのは、三女のマリア・アンナと末子のヴォルフガンクの二人だけでした。

〔4〕耳の病

【悲痛な叫び：誰にも言えない苦しさ】

ベートーヴェンは、20歳代の後半から耳が聞こえづらくなってきました。1801年6月29日に5歳年長の親友フランツ・ゲハルト・ヴェーゲラー宛に自らの耳の不調を初めて他人に打ち明ける手紙を書きました。その中で、「ここ3年間で私の聴力はほとんど弱くなってきた」と書いています。

ヴェーゲラーは医者であることから、現在治療を受けている医師の治療法（強壮剤を服用、アーモンド油を耳に入れて聴力を高める試みなど）に関する不満も打ち明けています。

また、その手紙で、「私は惨めな生活を送っているといえます。これまでほぼ2年間、どんな社交的な集まりにも顔を出すのをやめてきました。耳が聞こえないなどと人には言えないからです。もし、私が何か他の職業についていたのなら、まだ何とかなったのかもしれませんが、私の職業ではそれは恐ろしい事態です。私の敵は少なくありませんが、もしそれについて耳にすることになったら、彼らは何と言うでしょう」と打ち明けています。「音楽家として、自らの耳の不調を人には知られたくないし、人には言えない」と親友のヴェーゲラーだけに胸の内を打ち明けたこの手紙はベートーヴェンの悲痛な叫びといえるでしょう。

また、「劇場では役者の言っていることを聞くためにオーケストラの間近に座らなければならない」と音楽活動上の不具合を訴え、「少し離れると楽器の音や高い声を聴くことができない」と難聴の症状を伝えています。このような状況下にあったベートーヴェンが、音楽家としての生命線である聴力の衰えに大いに失望したことはいうまでもありません。

さらに、この手紙の中で、「私は完全に音符の中で暮らしています。そして、１曲を書き上げるか書き上げないかのうちに、もう別の作品に着手しているといった調子です。現在の作曲の速さだと、しばしば一度に３つから４つの作品を（並行して）書いています」と耳の状態は不具合でありますが、創作意欲は健在であることをあわせて訴えています。

また、「演奏したり作曲したりしているときは、病気はほとんど気にならない。最も影響が出るのは人と一緒にいるときです」とも伝えています。

別の機会に、「友人と森を散策しているときに、友人には鳥の鳴き声や小川のせせらぎ、さらに、羊飼いの歌声が聞こえているのに、自分は聞こえない」ことをどんなに悲しく思ったことでしょう。もちろん、この状況を説明することもできなかったでしょうから、人に会うことに恐怖を覚えるのは当然かもしれません。

これらの経緯が翌年の1802年10月6日の「ハイリゲンシュタットの遺書」の導火線となっていったのでした。

ベートーヴェンの生家（ボン）

コラム1

Ich liebe dich：ベートーヴェンの若き恋心を歌う

ベートーヴェンの歌曲の中で最も多くの人々に歌われている曲の一つです。１７９５年、25歳ごろの若き時代の作品です。Ｋ・Ｆ・ヘルロッセーの「優しき愛」の詩に曲をつけました。ベートーヴェンはこの曲にタイトルをつけませんでしたので、歌詞冒頭のIch liebe dich（君を愛す）の名で親しまれています。

彼が25歳のころは、難聴の症状はほとんどありませんでした。Ich liebe dichで始まる甘いメロディーは、まるで恋人への想いをやさしく、かつ、伸び伸びと歌い上げているように響きます。交響曲第5番「運命」や同3番「英雄」、さらに、同9番のような重厚・壮大・エネルギッシュなイメージとは異なり、ベートーヴェンの隠れた素顔がうかがえる作品でもあります。

交響曲も素晴らしいですが、明るく、純粋で希望に満ちたこの曲をベートーヴェンの若き日を想像しながら聴いてみてはいかがでしょうか。

なお、この曲が作曲された１７９５年は、ベートーヴェンがウィーンで初めて公演を行い、これまでのピアノ演奏家としての評価に加え、作曲家としての地位をも確立した時期に重なります。彼の伸び伸びとした若々しい感情がうかがえる名曲です。

ご参考までに、1番の歌詞の原語（ドイツ語）と和訳例（筆者直訳）を下記に示します。

なお、意味を正確に把握するために原文に忠実に直訳しました。

Ich liebe dich,so wie du mich,
僕は君を愛する。君が僕を愛するように、
am Abend und am Morgen,
朝に夕に、
noch war kein Tag,wo du und ich
1日もなかった。君と僕が、
nicht teilten unsre Sorgen.
憂いを分かち合わない日は、

第2章

ハイリゲンシュタットの遺書

1802年に書かれた
「ハイリゲンシュタットの遺書」全文

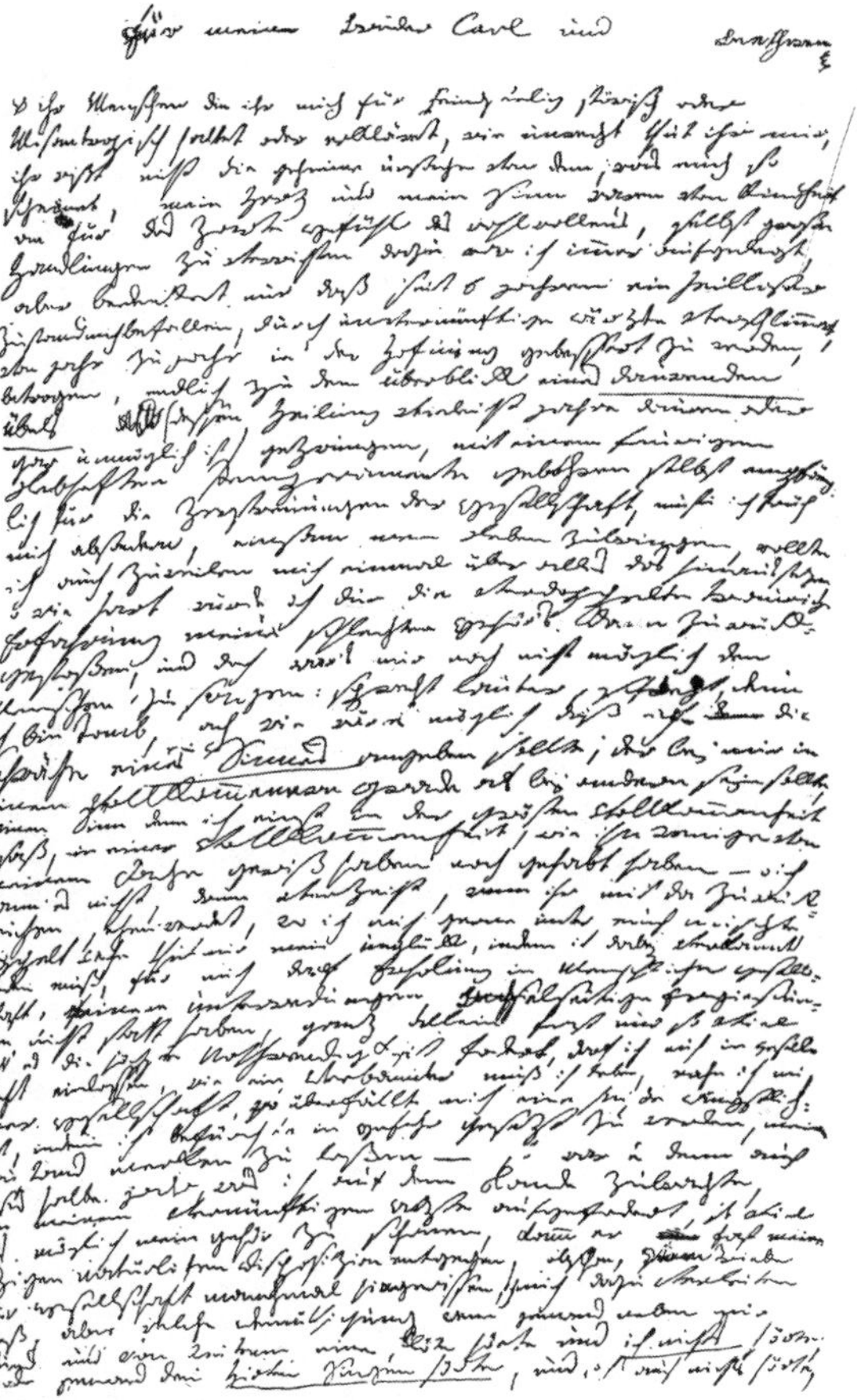
Für meine Brüder Carl und

（第1ページ目）

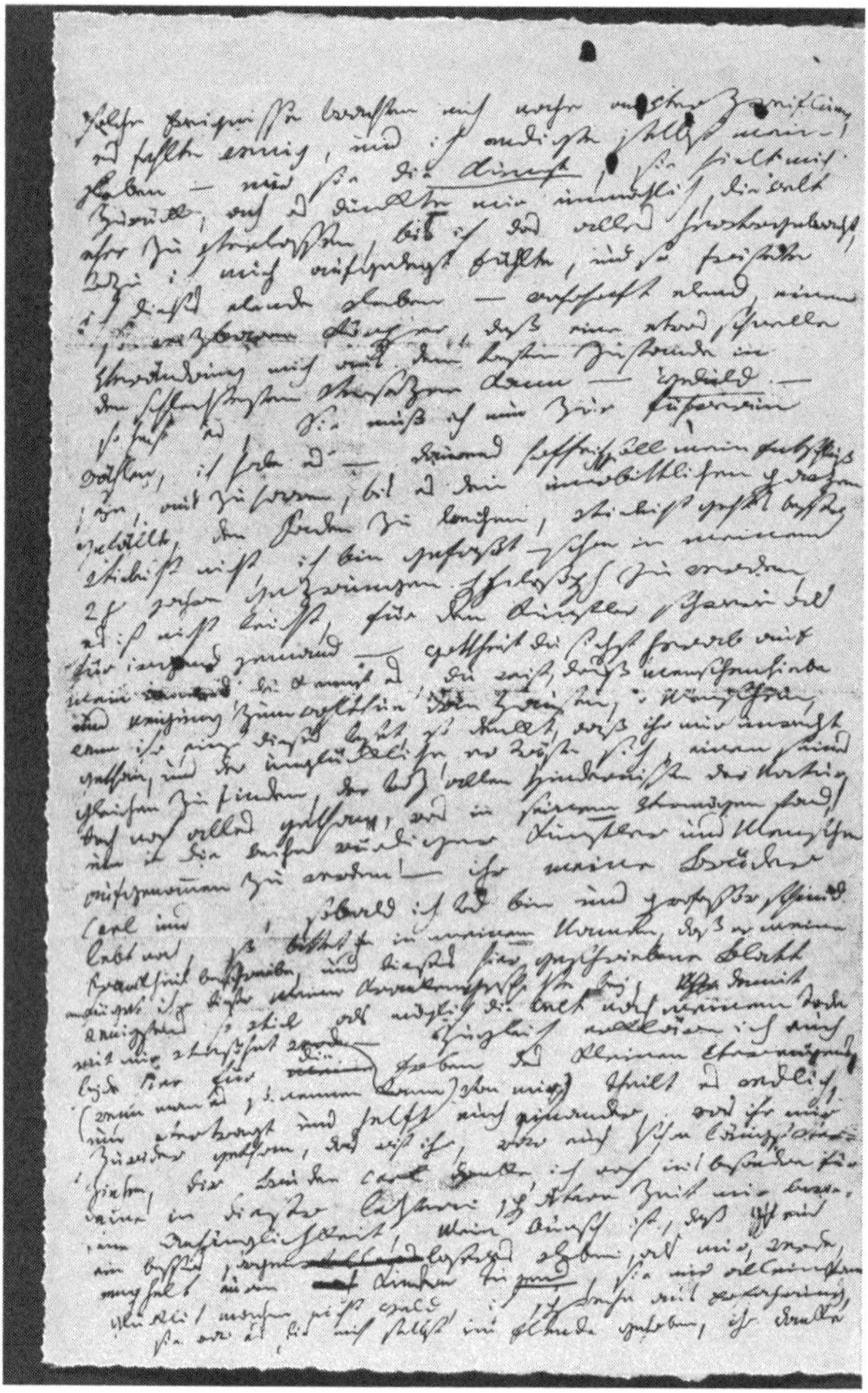

（第２ページ目）

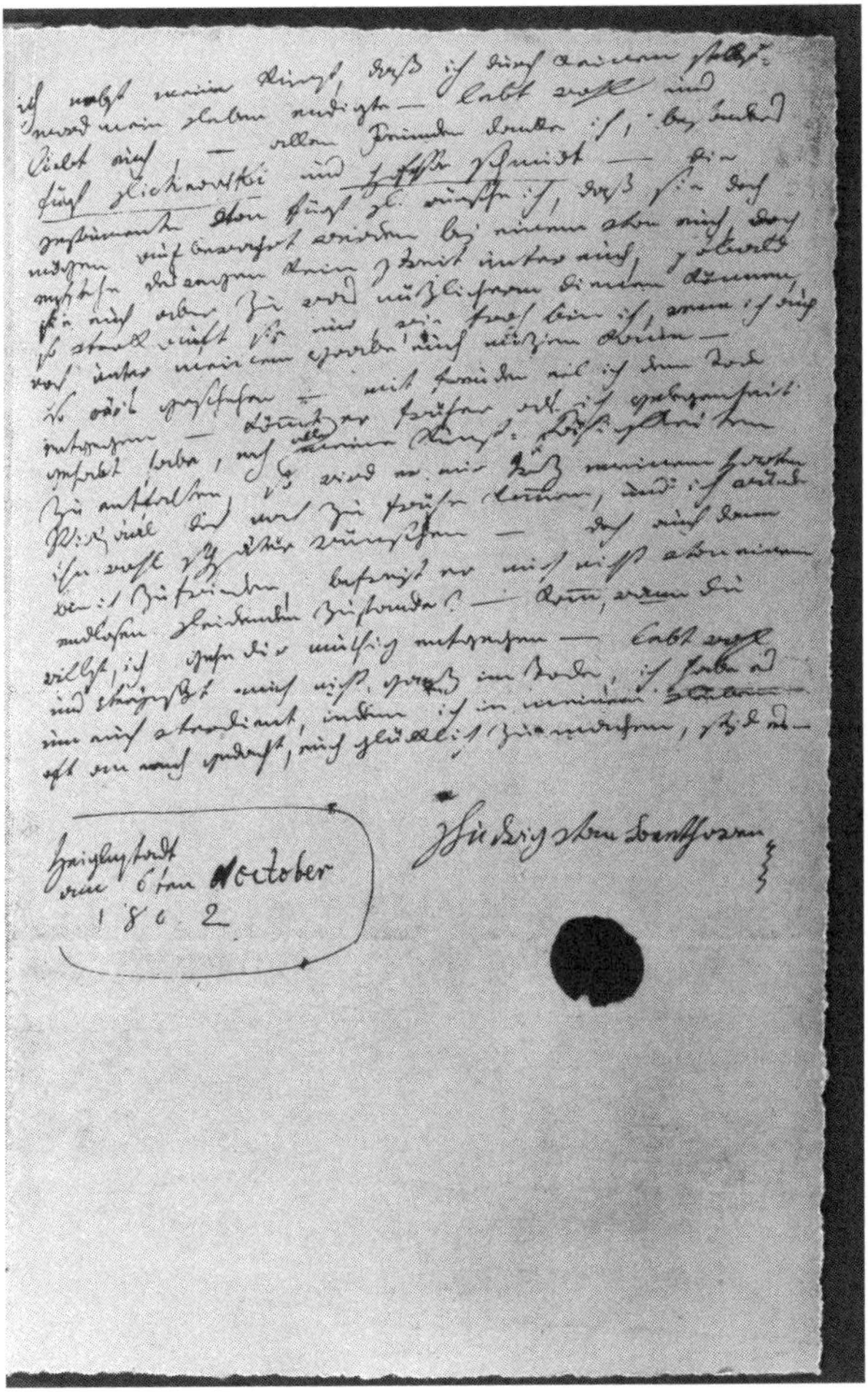

（第３ページ目）

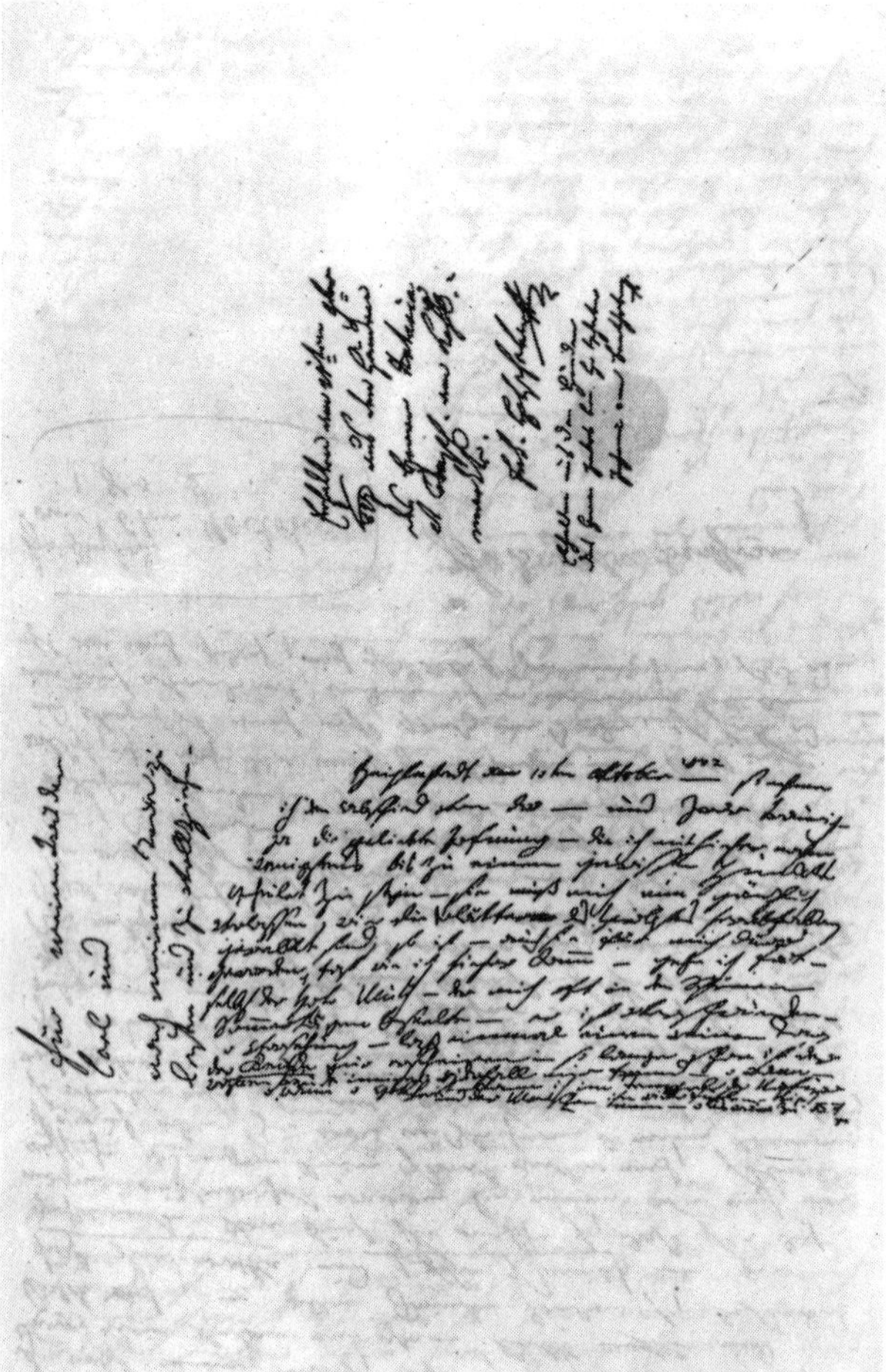

（第４ページ目）

遺書を書いた部屋（ハイリゲンシュタット）

〔1〕ハイリゲンシュタットの遺書

ベートーヴェンを深く理解し、「ハイリゲンシュタットの遺書」前後の楽曲の著しい変遷を理解する上で避けて通れない重要な文書ですので、少々長いですが、全文を以下に示します。なお、この遺書は、現在ハンブルクの市立図書館が所蔵しており、二人の弟の三男カールと四男ヨハンにあてて２通書かれています。この２通の手紙は、１枚の紙を２つに折って、その表と裏を使い、10月６日付の第１の手紙は、その第１ページから第３ページにわたって書かれ、10月10日付の第２の手紙は、第４ページ目に書かれています。

【ハイリゲンシュタットの遺書全文】

わが弟たち、カールおよび　（空欄）　ベートーヴェンへ

おお、汝等よ、俺を如何にも敵意に満ちて人間嫌いであるかのようにきめ込み、またそう言明していることが如何に不当であるかが、お前たちは少しも分かっていないのだ。あるいはお前たちにはそう見えたかもしれない、そのかくれた原因についてお前たちはまだ、何も知らないのだ。僕の心も情操も、子どものころから善意と優しい情操にはぐくまれ、

また偉大な事業を成就することに対し不断の欲望を燃やし続けていた。しかしこれだけは考えてみてくれ。僕はじつは六年この方、絶望的な不治の病状に悩みつづけておって、それが無能な医者の手にかかって悪化の一途を辿っており、あるいは快方に向かうかもしれないという望みは年一年と裏切られ、いまでは長年月かかってようやく治るか、あるいはまったく快癒の見通しがたたない禍は永続的なものとなった。自分は一方烈火のように激しい気性をもって生まれついたが、また他方、人を愛し人間の集いの中にくつろぎを見出すことを特に好んだ。その自分がなお若くして楽しかるべき人々の集いから自分だけを引き離して寂しい孤独の日々を送らなければならなくなったのだ。特に、自分は何とかして自分を救出できたらと思う。しかし、どうして僕一人だけが聴覚の害われていることと、不自然な無理強いの孤独との二重苦に堪えてゆかなければならないのだろう。今日まで僕としては、人々に向かって「もっと大声で話してくれ、叫んでくれ。俺は聾者なのだから」ということはできないことであった。僕として他の誰よりも完璧であるべき自分の一番大切な感覚の上の弱点を、他人の前に白状することができるだろうか。かつて古今の音楽家の中でも稀にみる最大の完璧さを誇ったはずのその聴覚……おお、この態を人に見せることは私にはできない。——

　だからこのことが理解できたら、私が人々との交際が悪いように見えたら、許してくれ。

じつは内心は、昔のようにお前たちとの間にも交わってゆけたらどんなにいいだろうと思っているのだ。僕は、まず世間から大きな誤解をまねいているというその事と人間たちとの交際のなかにくつろいで、洗練された各種の話題のなかに時を過ごす、その楽しみが止められていることの二重の苦痛にさいなまれているのだ。自分は、最小限必要やむを得ない用件のほか、人の集いに交わって言葉すら交わさない。まったくの追放者の生活だ。そして、たまに人と交わる間にもこの惨めな実状を知られまいとして――その危険の前に――戦々恐々としていなければならない。

――そういうようにして、医師の忠言に従って自分の衰えた聴覚をいたわるために過ぎた半年間郊外の田舎に生活した間にもこの状態は続いたが、耳の方は今日のように小康を得ることができた。もっともこの間にも私は人々との交遊の情たちがたく、ついつり込まれては、よく誘惑にかかった。しかしこのような時は何という屈辱的な気持ちを味わわなくてはならなかったであろう。

――自分と一緒に散歩の途上、私と並んで立った誰かが遠くからの笛の音を聞き惚れているのに、私にはそれが聞こえない。またある時、他人には皆聞こえたという牧童のうたが、僕には全然聞こえてこないのだ。このような出来事によって自分は幾度か絶望の淵につき落とされた。自分は危うく自ら命を絶とうとしたことすらある。ただ、わが高貴な

「芸術」――彼女だけが自分を引き止めてくれた。そして自分には、頭脳の中にまき起こってくるもの（楽想の）すべてを世に送り出すまで死んではいけないようにも思われてきた。そのことのために、この惨めな――本当に惨めな――人生を生き通してきたのである。自分のこのようにまで敏感な肉体が、この短時日の間に人間の最高の境地から急転して、どん底まで転落しようとは。

――ただ忍耐あるのみ――と先哲は人を教えてきた。いま私もこの教えを自分の生きてゆく上の指針として選ばなければならない。私はそうした。私は決意した。運勢の女神のお気に召すまで命の綱を絶つことを辛抱しようと。あるいは快方に向かうかもしれない。多分だめであるかもしれない。私は二十八歳（！）になって人生の哲人たるべきことを余儀なく決意をきめさせられた。しかしそれは芸術家にとっては、ほかの誰にとってよりもむずかしい。

――神よ。あなたは高所より私の心の奥を見下しておられる。あなたはそのなかに人類への愛と善行の性癖とが棲んでいることを知りぬいておられる。おお、人々よ、お前たちがいつの日かこの文を読む日があった時には、お前たち、人々が如何に私に対して不当であったかを思い知ってほしい。そしてこの不幸な人間は、他の同様な宿命の者を捜し求めてわずかに自らを慰めることであろうことを。そしてまたこの自然界の大障害をものともせず力の限りをつくして、彼のうちの天賦の仕事を全うして、価値の高い芸術家および人間の列に加えられるよう努力してきたということを。

お前たち、我が弟両人、カールおよび　（空欄）　、もしも私が死んでシュミット教授（主治医）がまだ生きていたら、私の名においてお願いをしてくれ。私の病状をのちのちのためにくわしく書き残しておいてくれるよう。また、その記述書は僕のカルテに添えておくよう。それによって自分の死後、世間が出来得る限り私を理解できるように。

――これと同時に私はお前たちに宣言する。私のささやかな財産（こう呼ぶことが大げさ過ぎないなら）の相続についても、互譲のうえ仲よく公平に分配すること。お前たちが私に対して厭わしかったことはもう遠の昔に許されている。特に弟カールには、最近自分に対して示した数々の厚意に対して厚く礼をいう。自分にとっての希みはお前たちが自分のよりよき、心配のない一生を送れるよう、お前たちの子どもたちには高い徳性を身につけさせておくよう、これだけが人生を幸福にさせ得るのだ――すべてではない――私は自分自身の体験から語っているのだ。

不幸のどん底から自分を救い上げてくれたのも、自分に自殺の考えを棄てさせて、今日なお生命がつづいているのも、芸術の力と並んでこの徳性のおかげであったのだ。

さらば。お前たちも自愛せよ。すべての人たちに感謝の意を表する（特にリヒノフスキー公とシュミット教授に）。Ｌ公から贈られた楽器はお前たちどちらかの手で記念として保管されよう。またこのことで二人の間に争いが起こらぬよう希望する。もし、万が一必要に迫られたときには売却しなさい。私はそれが少しでもお前たちのために役立つなら墓石の下で喜ぶに違いない。

――そしてもしそれが起きるべき時であるとするなら、自分は喜んで死に立ち向かう用意がある。――しかしもし彼（死）が、自分のもつ芸術に対する能力を全面的に展開する機会が与えられる前に来たとしたなら、自分は現世が如何に苛酷な運命のもとであるにしてもなお早きをうらむであろう。しかしそうなっても、自分はまた尽きるところを知らない苦悩に満ちた状態から解放されることには満足するに違いない。死よ、何時でも来たれ。俺は敢然として汝を迎えるであろう。

――さらば！　死んでも俺を忘れずにいてくれ。自分はお前たちのために微意を尽くしてきたつもりだ。そして生涯を通じてお前たちのことを思い、お前たちが幸福になることを願ってきたのだ。さらば――。

ハイリゲンシュタット、１８０２年10月６日

ルードヴィッヒ・ヴァン・ベートーヴェン

（赤い封印）

この後に、同年10月10日付の二伸が続く。

かくして俺はお前たちに別れを告げた。

――そして心は悲しみに打ち沈んでいる。――ある程度はよくなるであろうという甘い希望――それを抱いてこの土地にやって来た――それは秋の枯葉が色あせて木から落ちるようにひからびてまったく私を見棄ててしまった。私は生まれたままの形でこの世を去っていく。あの美しい夏の日々に自分を奮い立たせてくれた高い勇気――それもいま消えてなくなってしまった。

――おお、希望。――今一度純な喜びの日を我が前に現出させ給え。もう絶えて久しく喜びのこだまは自分には縁遠いものになってしまった。

――おお、何時ふたたび――おお、神よ――私は自然と人間の殿堂にそれに接することがあるのでしょう？　否？――おお、それはあまりに苛酷すぎる。

わが弟たち、カールと（空欄）宛

私の死後、これを読んで実行すること。

以上が遺書の全文です。

〔2〕ハイリゲンシュタットの遺書を読み解く：新解釈

まず、冒頭の次の文章に注目します。

〈おお、汝等よ、俺を如何にも敵意に満ちて人間嫌いであるかのようにきめ込み、またそう言明していることが如何に不当であるかが、お前たちは少しも分かっていないのだ。あるいはお前たちにはそう見えたかもしれない、そのかくれた原因についてお前たちはまだ、何も知らないのだ。僕の心も情操も、子どものころから善意と優しい情操にはぐくまれ、また偉大な事業を成就することに対し不断の欲望を燃やし続けていた。〉

ベートーヴェンは、自分が敵意に満ちていて人間嫌いであるように見えるが、これは、難聴のためであり、本来の自分は善意に満ちた優しい男だと伝えています。自分をこのように分析しているのです。

次に病状に触れ、〈この六年間病状は回復しておらず、その望みは、年を追うごとに裏切られている〉と病に対して絶望感を抱いています。一方、医師の治療（実体は、温泉療法やアーモンド油を耳に満たすことなど）の効果ははかばかしくなく、医師への不満も伝えています。

また、〈自分は烈火のように激しい気性をもって生まれついたが、また、他方、人を愛し人間の集いの中にくつろぎを見出すことを特に好んだ。〉とあるので、気性は荒いが人付き合いを好む外交的な性格と分析しています。〝烈火のように激しい気性〟については、別章でご説明しますが、自分を正しく分析していると思われます。また、〈僕として他の誰よりも完璧であるべき自分の一番大切な感覚の上の弱点を、他人の前に白状することができるだろうか。かつて古今の音楽家の中でも稀にみる最大の完璧さを誇ったはずのその聴覚……おお、この態を人に見せることは私にはできない。〉と自らの弱点を人に白状できないことの苦しさを伝えています。一方、自分の聴覚は、古今の音楽家の中でも稀に見る完璧さを有していることに自信を持っていたようです。

さらに、〈たまに人と交わる間にもこの惨めな実状を知られまいとして——その危険の前に——戦々恐々としていなければならない。〉と耳の病を人に知られまいと戦々恐々としていたプレッシャーは、相当なものであったと想像できます。

〈自分と一緒に散歩の途上、私と並んで立った誰かが遠くからの笛の音を聞き惚れているのに、私にはそれが聞こえない。またある時、他人には皆聞こえたという牧童のうたが、僕には全然聞こえてこないのだ。このような出来事によって自分は幾度か絶望の淵につき落とされた。〉との内容は、前年に他人に対して初めて難聴の実態と苦しさを伝えた親友ヴェーゲラーあての手紙の内容と同じです。

しかし、この遺書で初めて〈自分は危うく自ら命を絶とうとしたことすらある。〉と告白したのです。ヴェーゲラーへの手紙ではここまで踏み込んだことは伝えていないことから、ヴェーゲラーへの手紙（１８０１年６月29日付）から遺書の日付（１８０２年10月６日）までの間に自殺を考えるほどの深刻な状況に追い込まれたと推察できます。この約１年３カ月の間がベートーヴェンにとって最も苦しみぬいた期間といえます。

しかし、ベートーヴェンは、自殺を踏みとどまります。ここからがその理由の説明です。〈ただ、わが高貴な「芸術」——彼女だけが自分を引き止めてくれた。そして自分には、頭脳の中にまき起こってくるもの（楽想の）すべてを世に送り出すまで死んではいけないようにも思われてきた。〉と述べているように、「芸術」がベートーヴェンの自殺を引き止めたのです。

また、すべての楽想を世の中に出すまでは死んではならぬことを決意したのです。そして、自らの音楽を高め、自分の楽曲をすべて世に送り出すことが自分の使命であるという使命感と責任感が沸々とベートーヴェンの心の中に湧き上がったのです。ですから、この遺書は、単に芸術が自殺を思い留めたことを述べるための表層的なものではなく、自分自身の芸術・音楽に対する強い使命感と自らの音楽を高めていこうとする心の底から絞り出した強い意志を表明したものなのです。私は、この意識変革と強靭な意志、そして強い使命感と責任感こそが「ハイリゲンシュタットの遺書」後のベートーヴェンの音楽の言葉を絶する著しい飛躍の源泉であると捉えているのです。

遺書の後半には、ベートーヴェンの人生観に関する興味深い記述が3箇所ありますのでご紹介します。

1つ目は、〈もしも私が死んでシュミット教授（主治医）がまだ生きていたら、私の名においてお願いをしてくれ。私の病状をのちのちのためにくわしく書き残しておいてくれるよう。また、その記述書は僕のカルテに添えておくよう。〉なる記述です。自分の病状を調査し、自らの症例を今後の医学の進歩に役立ててほしいという献身的な思い、そして同じ病を持つ多くの人々のために自分が実験台になって協力したいという意思表明をしていることです。まさに、ベートーヴェンが生涯をかけて希求した人類愛に根ざした発想といえましょう。

2つ目は、〈お前たちの子どもたちには高い徳性を身につけさせておくよう、これだけが人生を幸福にさせ得るのだ――〉との言葉です。ベートーヴェンは、モーツアルトの歌劇で「魔笛」を最も好んでいましたが、「ドン・ジョヴァンニ」のような不道徳（徳性のない）なものは、大嫌いであると伝えられています。「徳」を広辞苑で調べますと、①道を悟った立派な行為②人を感化する人格の力③利益、もうけ、富　と記述されています。「徳」という言葉は、非常に難しい概念ですが、人として生きるためには前記①、②が重要であり、「徳性」が人生を幸福にさせ得るのだという言葉に、ベートーヴェンの人生観の一端を垣間見たような気がします。

3つ目は、〈L公（リヒノフスキー侯爵）から贈られた楽器はお前たちどちらかの手で記念として保管されよう。またこのことで二人の間に争いが起こらぬよう希望する。もし、万が一必要に迫られたときには売却しなさい。私はそれが少しでもお前たちのために役立つなら墓石の下で喜ぶに違いない。〉のくだりで、侯爵から贈られた大事な楽器（ピアノ、バイオリンなど）でも、万が一必要に迫られたら、平たく言えばお金に困ったら売却しても私は容認すると伝えていることです。このことは、ベートーヴェンが意外に物に執着しない性格であることを示唆しているのでしょうか。弟思いのなせる業でしょうか。

なお、遺書中の空欄でありますが、四男のヨハンの名が入ると思われます。なぜ空欄にしたかという議論は、あくまで推測によるものと思われますので、その理由については、ここでの言及を控えました。

いかがでしょうか。遺書を書いたのちのベートーヴェンの交響曲（交響曲第3番「英雄」以降）は、後述しますように飛躍的にステップアップしましたが、そのきっかけとなったのがこの遺書であると私は考えます。単に過去と決別するためだけの遺書の位置づけでは、その後の作品のはるかに常識を超えたステップアップはなしえません。彼は、この遺書を契機に難聴による苦悩を受け入れ、克服し、過去の作品からの飛躍をなし、そして将来に向けて大きく脱皮しました。

この意味で、この遺書は著しく意義深いと考えています。繰返しになりますが、遺書後の作品は、遺書前の音楽の成長の延長線上にはなく、一段階も二段階も上方に飛躍的にステップアップしましたが、その源流は、この遺書にあると考えます。ここにこの遺書のきわめて重大な意義・意味があると考えています。「ハイリゲンシュタットの遺書」は、ベートーヴェンの音楽や生き方における先進性・革新性を語るにあたり避けて通れない文献であるといえましょう。

【追記】

ハイリゲンシュタットは、ウィーンの西北約５㎞に位置します。遺書の書かれた家は、18世紀半ばごろに建てられた大きな農家で、「ハイリゲンシュタットの遺書の家」（ベートーヴェン記念館）としてプロブスガッセ６番地に現存しています。この家の窓から西を眺めれば開けた田園が広がり、その向こうにドナウ川が流れ、遥にはカルパチアの山並みが望めます。一方、北にはブドウ畑が広がり、遠方にはカーレンベルクとレオポルズベルクの山並みが見渡せます。ここには、静けさと澄んだ空気と緑の木々、そして輝く太陽と散歩道などがあり、ベートーヴェンの必要とする環境が整っていました。

このためハイリゲンシュタットは、ベートーヴェンのお気に入りの保養地でした。彼は夏になると幾度となくこの地に滞在しましたが、ハイリゲンシュタットの遺書は、１８０２年４月から10月の滞在期間中に書かれたとされています。この地の北数百メートルには、ベートーヴェンが『田園』などを構想したといわれる「ベートーヴェンの散歩道」があります。ハイリゲンシュタットを訪れた観光客は、聖ミカエル教会にも足を延ばすそうです。聖ミカエルは、ハイリゲンシュタットの紋章にも描かれています。

また、近くにはホイリゲ（ワイン酒場）が集中している地区があり、地元の人々や観光客の憩いの場として親しまれています。

コラム2

「トルコ行進曲」by ベートーヴェン：トルコ軍楽隊リズム風行進曲

「トルコ行進曲」といえばモーツアルトを思い浮かべる人々が多いと思われます。しかし、ベートーヴェンも同じタイトルの曲を作曲しています。劇付随音楽「アテネの廃墟」作品113は、序曲と8曲の楽曲で構成されていますが、その中の4曲目が「トルコ行進曲」です。

オスマン帝国の軍楽隊の影響で18世紀の西欧ではトルコブームが起こりました。トルコ軍楽隊の「ジャーン」「ジャーン」（空白）「ジャン・ジャン・ジャーン」というリズムが特徴的でこのリズムを活かしてトルコ軍楽隊リズム風行進曲としたのが「トルコ行進曲」です。

例えば、冒頭のタラタッタ、タラッタ、タ～タラタラタッタ、タッタッタ～の部分ですが、タラタッタ（ジャーン）、タラッタ（ジャーン）、ター（空白）、タラタラ（ジャン）、タッタ（ジャン）、タッタッタ～（ジャーン）というリズムです。

モーツアルトの楽曲も同じリズム感で書かれています。ベートーヴェンの楽曲の特徴は、「重厚・壮大・エネルギッシュ」にあり、モーツアルトの場合は、「軽快・華麗・リズミカル」と個人的に定義していますが、そのようなイメージで両者の「トルコ行進曲」を聴き比べてみるのも一興です。

〈参考：モーツアルトの「軽快・華麗・リズミカル」について〉

モーツアルトの最も有名な楽曲の一つに「アイネ・クライネ・ナハトムジーク」があります。第1楽章の冒頭の旋律がその特徴をよく表しています。「チャン・チャ、チャン・チャ、チャチャチャチャチャチャ～ン」とはじまるリズムとメロディーは、まるで蝶々が軽やかに（軽快）、ひらひらと（華麗）に、しかも、（リズミカル）に飛んでいる様子が目に浮かびます。また、ガラス細工のような繊細な透明感のある美しさも魅力的です。トルコ行進曲の冒頭の「チャカチャカチャン、チャカチャカチャン、チャカチャカ・チャカチャカ・チャカチャカチャ～ン」もまさに軽快・華麗・リズミカルに聞こえますがいかがでしょうか。

2021.

第3章

ハイリゲンシュタットの遺書前後の曲想の変化と先進性・革新性

ウィーンのベートーヴェン像

「ハイリゲンシュタットの遺書」後のベートーヴェンの楽曲は、著しく先進的・革新的な変化を遂げたことを既に述べました。各交響曲における先進的・革新的取組みを具体的にご紹介します。遺書後の交響曲（第3番「英雄」以降）が、交響曲第1番、第2番に比べて飛躍的にステップアップしていることをご理解いただければ幸いです。

(1) 遺書前のベートーヴェンの音楽

【遺書までの作曲技術習得履歴：弱点補強！】

ベートーヴェンは、先に述べましたように、幼少のころに父親から暴力的で虐待に近い指導を受けながらも、ひとり即興演奏をすることを楽しみとしていました。即興演奏は、まさしく作曲でありますので、幼少のころから作曲にいそしんでいたともいえます。彼が10歳のときにクリスティアン・ゴットロープ・ネーフェと出会います。

作曲家としてもすでに名声を得ていたネーフェは、１７８１年に選帝侯付オルガン奏者になり、ボンに定住していました。ネーフェは、従来の伝統的な芸術形式を打ち破って、人間の精神に深く根ざした思想や哲学を、斬新な感情的表現を通して音楽化しようとした作曲家でした。まさに、その後のベートーヴェンの指標となる作曲思想です。ネーフェとの出会いが、ベートーヴェンの作曲家としての成長にどれほど大きな影響を及ぼしたかは想像に難くありません。彼は、ネーフェを師として作曲家の道を歩み始めました。

　そして、ネーフェによる基礎的な指導を受けながら、「ドレスラーの行進曲による九つの変奏曲」を作曲し、１７８２年に出版にこぎつけました。これがベートーヴェンにとっての記念すべき最初の作品となりました。また、ベートーヴェンは、母の死後の１７９２年11月初旬に再びウィーンに旅立ちましたが、ネーフェは、その際の彼の公費によるウィーン留学にも尽力しました。この留学では、ベートーヴェンのカンタータを高く評価したハイドンのもとで指導を受ける手はずになっていました。

　そこで、ベートーヴェンは、ウィーン到着後の１７９２年12月にハイドンを訪ねて弟子入りをしました。ハイドンによる指導は、ハイドンがロンドンに旅立つ１７９４年の初めまで続きました。約1年数カ月の指導でした。その間に彼が学んだのは厳格対位法であり、出された課題によって曲を展開し、ハイドンがそれを添削するという基礎的な訓練でした。

　しかし、ハイドンは、目前に迫ったロンドン行きの仕事に忙殺されていたために、あまり身の入った指導を行い得なかったようです。例えば、ベートーヴェンが２４５の課題を作ったにもかかわらず、ハイドンはそのうちの42課題しか添削せず、しかも、添削の仕方もぞんざいでした。ベートーヴェンは、ハイドンの指導に不満を抱いていたようです。

だからといって、ハイドンがベートーヴェンを評価していなかったかというとそうではなく、ハイドンが彼を指導し始めて約1年後の１７９３年11月にボンの選帝侯（ベートーヴェンの公費留学の許可者）にあてた手紙で、「やがてベートーヴェンがヨーロッパ最大の音楽家となることは、専門家も認めざるを得ない。自分が彼の師と呼ばれることを光栄に思うことでしょう」と伝えていることから、ハイドンはベートーヴェンを大いに評価していたのです。

この時点でモーツアルトはすでに亡くなっていますので、ヨーロッパ最大の音楽家になるというのは、モーツアルト信奉者の人々にとっても異論の余地がないと考えますがいかがでしょうか。

ハイドンからこのような評価を得ていたものの、ベートーヴェンは、ハイドンから期待していた指導を受けられなかったことを感じていました。リースの『覚書』にベートーヴェンのハイドンの指導に関する所見を次のように記述しています。「ハイドンが望んだことは、ベートーヴェンがその初期作の表題に「ハイドン門下」という語を付け加えてほしい、ということであったが、ベートーヴェンはそうする気がなかった。というのは、彼いわく、ハイドンから何かの指導はうけたが、何一つ学んだわけではなかった、からである」。

このように、ベートーヴェンは、ハイドンの指導にややもの足りなさを感じたのか、翌年には別の作曲家ヨハン・シェンクから数カ月間にわたり対位法を学んだといわれています。その後、約1年間、作曲家のヨハン・ゲオルク・アルブレヒツベルガーに上級対位法を学んでいます。

ヨハンは、ハイドンよりはるかに詳細に注意深い指導を行ったといわれています。さらに、アロイス・フェルスターに弦楽四重奏曲の作曲技法を学び、また、アントニオ・サリエリにもオペラや声楽について数年間指導を受けました。このときすでにベートーヴェンは、その卓越したピアノ演奏技術と優れた即興演奏により、時代の寵児となっていました。自らも弟子を持っていた身でしたが、ウィーンの大家から音楽理論や基礎作曲法を学び、将来に向けて自らの足りない部分を補っていたことから、やはりベートーヴェンはまじめで向上心旺盛な努力家であったといえましょう。

【交響曲第1番　ハ長調　作品21】

初演：1800年4月2日
（注）いずれの交響曲においても公開初演日を初演として統一しました。
場所：ウィーン・ブルク劇場
指揮：ベートーヴェン（29歳）
献呈者：ゴットフリート・フォン・スヴィーテン男爵

○概要

ベートーヴェンの1曲目の交響曲です。ピアノ・ソナタ「悲愴」や七重奏曲、6つの弦楽四重奏曲などとともに、ベートーヴェンの初期の代表作として知られています。

○ハイドン・モーツァルト的曲想

ベートーヴェン最初の交響曲であるこの曲は、ハイドン、モーツァルトの影響を大きく受けています。メロディー、リズムが両巨人の楽曲と著しく相似している部分が多いのです。具体的には、第1楽章の主題は、モーツァルトの最後の交響曲第41番K．551「ジュピター」の第1楽章によく似ています。

また、中盤のフルート、オーボエ、クラリネットなどが奏でるメロディーやフィナーレのトランペットのパートもモーツアルトを想起させます。さらに、第２楽章は、同じくモーツアルトの交響曲第40番K．５５０の第２楽章の冒頭部分のイメージであり、また、ハイドンの交響曲第１０１番「時計」の第２楽章を連想させます。

第４楽章もきわめてモーツアルト的に聞こえます。ハイリゲンシュタット以降（「英雄」以降）の交響曲と比較すれば、躍動感、エネルギー、重厚壮大感などの観点でやや乏しい印象を受けます。

もっとも初めての交響曲ですので優れた先人の影響を受けるのも無理からぬことと考えます。また、偉大な先人へのオマージュの意味も込めてこの交響曲の作曲にあたっていると思われます。

ここでハイドンとモーツアルトについて簡単におさらいします。

まず、ハイドンですが、１７３２年３月31日、オーストリア・ローラウ地方で生まれました。ベートーヴェンが１７７０年生まれですから、ハイドンは38歳年長です。ハイドンは、膨大な数の作品を残しました。その数は、１，０００曲にも及びます。特に、多くの交響曲（１０６曲）を作曲したため、交響曲の父と呼ばれています。交響曲第94番「驚愕」や交響曲第１０１番「時計」などが有名です。「驚愕」では、眠っている聴衆を驚かそうと突然に大音響を響かせる仕掛けを施すなど、おちゃめな一面があります。また、多数の弦楽四重奏曲を残していることから、弦楽四重奏曲の父とも称されています。特に、弦楽四重奏曲第77番の第2楽章の皇帝讃歌はドイツ国歌として親しまれています。１８０９年5月31日に77歳でなくなりました。当時の77歳ですからハイドンはかなり長命であったといえます。

一方、モーツアルトは、１７５６年1月27日、オーストリア・ザルツブルクで生まれました。ベートーヴェンより14歳年上です。モーツアルトも多くの分野の作品を残しています。交響曲を41作品、ピアノ協奏曲、そして「魔笛」「フィガロの結婚」をはじめとする多くのオペラ作品を残しています。モーツアルトは、天賦の才能を有する天才であり、驚くべき速さで作曲し、推敲はほとんどしなかったそうです。ベートーヴェンの自筆譜はやや悪筆で読みにくい部分もありますが、モーツアルトのそれは、すっきりとしています。3大交響曲として親しまれている交響曲第39番から同41番を6日間で仕上げたのですからあふれ出る曲想をそのまま音符に書き換えて完成させるような要領で作曲したと推察します。モーツアルトは、１７９１年12月5日に35歳の若さで世を去りました。35年間でこれだけの楽曲を完成させているのですから、天が彼にもう少しだけの時間を与えていたらどれだけ多くの素晴らしい作品を世に送り出していたかを思うと残念極まりです。

【交響曲第2番　ニ長調　作品36】

初演：1803年4月5日
場所：アン・デア・ウィーン劇場
指揮：ベートーヴェン（32歳）
献呈者：カール・フォン・リヒノフスキー侯爵

○概要

第1番作曲中の1800年に交響曲第2番の作曲を開始し、1801年から1802年にかけて本格的な曲作りを行いました。ピアノ協奏曲第3番などとともに初演されています。1802年10月に持病である難聴が悪化した時期と重なっており、「ハイリゲンシュタットの遺書」も書かれていますが、作品内に苦悩の様子は見られません。

○いまだ古典の影響大

1800年から作曲を開始しており、辛い時期にもかかわらず明るい曲を作曲しました。辛い時期だからこそ自らを励ます意味で明るい曲に取り組んだとも考えられます。

交響曲第2番は、1番に比べればベートーヴェンらしさが感じられるものの、やはり、まだハイドンやモーツアルトらの古典音楽の影響が垣間見られます。

○モーツアルトへのオマージュ：モーツアルトさんを尊敬します

ベートーヴェンは、フランツ・ヨーゼフ・ハイドンとヴォルフガング・アマデウス・モーツアルトを尊敬していましたが、特にモーツアルトへの思い入れは強く、彼の曲を熱心に学んでいたようです。ピアノ・ソナタ第8番作品13「悲愴」を１７９９年に出版（カール・フォン・リヒノフスキー侯爵に献呈）しましたが、この曲は、モーツアルトのピアノ・ソナタ第14番　ハ短調K．４５７とかなりよく似ています。

特に、「悲愴」第2楽章の美しいアダージョは、恐ろしいほど酷似しています。また、各楽章の形式においても、第1楽章のハ短調、第2楽章変イ長調（モーツアルトは、変ホ長調）、第3楽章はハ短調であり、両者ほぼ同一の形式を用いています。ベートーヴェンは、モーツアルトへのオマージュを込めてこの「悲愴」を作曲したと考えられています。

このオマージュ的発想は、作曲家にはよく見られる現象であり、例えば、ベートーヴェンの後継者といわれているヨハネス・ブラームスの交響曲第1番第4楽章において、ベートーヴェンの「第九」の第4楽章の「歓喜の歌」のメロディーによく似ている部分があるのもその一例といえます。

なお、このピアノ・ソナタの「悲愴」というタイトルは、ベートーヴェン自らが表題をつけた曲であり、「悲愴」を含む三大ピアノ・ソナタのうち「熱情」と「月光」はベートーヴェンの死後に名づけられた表題です。

余談ですが、モーツアルトへのオマージュを込めて、一人のモーツアルトファンとして私のお気に入りの〝モーツアルト〟をご紹介させていただきます。やはり交響曲をよく聴きます。3大交響曲といわれる第39番から41番「ジュピター」を学生の頃は繰り返し聴きました。軽快・華麗なリズムと美しいメロディーが魅力的です。また、モーツアルトの短調の楽曲は、極めて少ないのですが、第40番の第1楽章冒頭の憂いを秘めたメロディーも魅力的です。やや個人的なことで恐縮ですが、私はシルビー・バルタンのファンです。彼女が「悲しみのシンフォニー」としてその第1楽章をカバーしました。彼女の憂いを秘めた歌声がとても魅力的であったことを記憶しています。

さらに、オペラのアリア（独唱歌曲）に興味があり、「魔笛」の中で歌われる「夜の女王のアリア」が好みです。ソプラノ歌手が、超高音でテンポよく「ア～ア、アハッハッハッハッハッハッハッハー、ア～ア、アハッハッハッハッハッハッハッハー…」と高音と低音を行き来しながら転がすように小気味好いテンポで歌い上げる様子は見事であり、かつ、そのメロディーも美しいためとても気に入っています。また、中学生のときに音楽の先生が知人のソプラノ歌手（アルト？）を招へいし、体育館で彼女の歌声を生徒に披露しました。そのときの曲目の一つが、モーツアルト「フィガロの結婚」中で歌われる「もう飛ぶまいぞ、この蝶々」でした。とても軽快なテンポの歌でプロの歌手の歌声を初めて直接に聴き、その素晴らしさに聴き入ったことを記憶しています。今思えば、それは中学生にとっては貴重な経験であり、ご配慮をいただいたS先生に感謝しています。

ピアノ曲もよく聞きました。ピアノ協奏曲第26番「戴冠式」、第20番、第21番などです。もちろんモーツアルトの特徴である「軽快・華麗・リズミカル」を象徴する「アイネ・クライネ・ナハトムジーク」や「トルコ行進曲」も大好きな楽曲です。挙げればきりがありませんが、モーツアルトも私が尊敬する作曲家の一人です。

コラム3

ピアノ・ソナタ第14番　嬰ハ短調　作品27－2「月光」：月の光が静かに穏やかに降り注ぐ

タタタ・タタタ・タタタ…と静かに始まる第1楽章冒頭が特に印象的です。月の光がやさしく・穏やかに降り注ぎ、それが湖面のさざ波に幽かに反射して、静謐な中に控えめな優しい光を放っている様子が目に浮かびます。第2楽章は、冒頭の軽快なリズムとメロディーが展開されます。第3楽章は、ベートーヴェンが初めて結婚を意識したジュリエッタ・グイチャルディへの激しい想いを連想させます。一方、この曲は、1801年（『ハイリゲンシュタットの遺書』の前年）に書かれましたので、この第3楽章の冒頭からの激しいピアノタッチは難聴に対する激しい怒りをぶつけたようにも感じ取れます。この曲は、1802年にグイチャルディに献呈されましたがその翌年に彼女は作曲家の伯爵と結婚してイタリアに去ってしまいました。身分差に対する怒りをもこの第3楽章にぶつけたのではないかと想像しています。第1楽章のピアノの調べはとても美しく、「月光」は、特にこの楽章は、必聴に値する名曲です。

〔2〕遺書後のベートーヴェンの音楽の進化

【交響曲第3番　変ホ長調　作品55「英雄」】

「英雄」自筆総譜の第1ページ

初演：１８０５年4月7日
場所：アン・デア・ウィーン劇場
指揮：ベートーヴェン（34歳）
献呈者：フランツ・ヨーゼフ・フォン・ロプコヴィッツ侯爵

○概要

新時代を築いた交響曲「英雄」。ベートーヴェンは、１７８９年7月に勃発したフランス革命における革命思想「自由・平等・博愛」の精神に共鳴し、王制を打破したナポレオン・ボナパルトを讃える曲として作曲されました。しかし、ナポレオンが帝位に即位したことに激怒し、完成した楽譜の冒頭の（ナポレオン・ボナパルト）に献上するという文章を楽譜が破れるほどにペンで強く、烈しく抹消したという逸話は有名です（P76「英雄」楽譜参照）。イタリア語の原題に由来する「エロイカ」の名で呼ばれることもあります。

○きわめて長大かつ大スケール：壮大さ極まれり

過去のハイドン、モーツアルトの交響曲の演奏時間は、大方20分程度でした。モーツアルトが死の直前に作曲した比較的長めの三大交響曲においても、大方30

～35分程度でした。一方、この交響曲第3番の初演の演奏は、1時間近くかかりました。聴衆は、この長大な交響曲を初めて聴いたときは、その長さにさぞ驚いたことでしょう。交響曲第1番や第2番は20分程度ですので、この交響曲がいかに長大であるかがわかります。

「英雄」は、過去の交響曲と比較してもきわめて長大であること、そのスケールが壮大であることなど過去に例を見ない交響曲です。「英雄」は、交響曲第2番をはるかに凌ぐ先進性・革新性を有する楽曲です。

ベートーヴェンは、「ハイリゲンシュタットの遺書」後に、異次元に著しく飛躍した交響曲を生み出したのです。一方、弟子のカール・チェルニー（オーストリア出身のピアニスト・作曲家。ピアノ教則本〝チェルニー〟の作者）の回想によると、「人々は、長すぎ、複雑すぎて理解しがたく、あまりにも騒々しいと感じた」のも事実でした。当時の聴衆にとっては、長大・複雑な「英雄」は、その革新性ゆえに彼らの理解を超えていたとも考えられます。

○冒頭の「ジャン・ジャン」は革命的：冒頭のワン・ツーパンチに衝撃

ベートーヴェン以前の作曲家は、貴族などの上流階級のお抱え作曲家としての位置づけでした。従って、作曲する内容は、貴族らの要請により決定されました。例えば、「今度食事会がありこのようなお客様がいらっしゃるので、その方々にマッチして、喜んでいただけるような曲を作曲してください」とか「来月ダンスパーティーがあるので、明るく、かつ、活動的な曲をお願いします」というような依頼を受けて曲作りに励みました。このような状況でしたので、作曲家が、自ら曲目や曲想を決定することは、一般的ではありませんでした。

そうした音楽に慣れ親しんでいた人々は、「ジャン・ジャン」の2連打で始まる第1楽章冒頭を聴いたときには、腰を抜かすほど驚愕したことと推察します。普通は、「ジャン・ジャン」といえば、終わりの合図ですが、このフレーズが冒頭に現われるわけですから、それはもう一大事件だったのです。

もし、会食中であったならば、この「ジャン・ジャン」で咀嚼していた食物を吐き出してしまいそうになるでしょうし、ダンス中であればパートナーの足を踏みつけてしまうか、ずっこけてしまうでしょう。このように冒頭の「ジャン・ジャン」は聴衆に強い衝撃を与えました。

○交響曲に葬送行進曲を初めて導入：貴族付作曲家ではありえないこと

過去においては、交響曲に葬送行進曲は馴染みませんでした。なぜなら、貴族らの作曲依頼目的は、その場の雰囲気を盛り上げたり、音楽を娯楽的に楽しむことでしたので、このような暗い雰囲気の曲を交響曲に導入するのは憚られたためでしょう。このような状況下でベートーヴェンが交響曲第3番第2楽章に葬送行進曲を導入したのは革新的なことでした。なお、この「葬送行進曲」というタイトルは、ベートーヴェン自らが命名しました。

この葬送行進曲には、ストーリーがあります。当初、この「英雄」をナポレオンに献呈するつもりで作曲しましたので、ナポレオンの一生とその死をイメージしていると感じ取れます。冒頭からの短調で抑制されたメロディーは、英雄の死に悲しみにくれている参列者の様子が粛々と表現されています。

そして、英雄の死を悼みつつ行進を続けます。ある地点まで行進したところで在りし日の英雄の勇姿を回顧し、その業績を讃えます。第2楽章唯一のトランペットや木管楽器などによりファンファーレ的に昂揚する場面がそれをイメージしていると解釈できます。

それも、一時的であり、英雄の過去の勇姿もうたかたのごとく消え去ってしまいます。曲の流れも悲しみにくれた行進曲風に戻り、再び参列者は悲しみの行進を続けます。そして、いよいよ墓地に到着します。棺はあらかじめ掘り起こされている地下につり下ろされます。第2楽章最後にメロディーが途切れ途切れになる場面は、棺に土をかけて最後の別れを惜しみながら悲しみを告げる音のように聞こえます。これで英雄とも最後のお別れです。というようなストーリーを思い浮かべながら聴いています。あくまで個人的なイメージであることをご容赦ください。この第2楽章（葬送行進曲）にはストーリー性があることをお伝えしたかったのです。

○ナポレオンへの複雑な想い：尊敬から怒りへ

ナポレオン・ボナパルトは、１７６９年8月15日に生まれました。ベートーヴェンより1歳年上ですが、ほぼ同年代といえます。ベートーヴェンは、ナポレオンに大いに敬意を表し、彼を古代ローマの偉大な執政官になぞらえていました。「ナポレオンが政治で世界を変えるなら、私は音楽で世界を変える」と語っていました。それほどまでに、ナポレオンに傾倒していましたが、彼が帝位についたことで、失望し、「あの男もまた、ありきたりの人間に過ぎないのか。こうなれば、彼もあらゆる人間の権利を踏みにじり、自分の野心にふけるだけのことだろう。あの男は、すべての人間の上にのし上がり、専制君主となることだろう」と憤慨しました。フランス革命の精神「自由・平等・博愛」に共鳴していたベートーヴェンにとっては、許しがたい事実でありました。

ベートーヴェンは、テーブルに歩み寄り、「英雄」の自筆総譜の表紙のページをわしづかみにして、真っ二つに引き裂き、床に投げ捨てました。自筆総譜の第1ページには、次のように記載されていました。「大交響曲／ボナパルトに献呈された／ルーイ・ヴァン・ベートーヴェン」。この〝ボナパルトに献呈された〟という文字を怒りに震えながらペンで激しく抹消しました。抹消された部分に穴が開いているほどですから、その怒りの様子が想像できます。そして、この交響曲の表題は、ただ「シンフォニア・エロイカ」と簡素化されました。

○曲の終わり方の意外性：終わりそうで終わらない

この曲の冒頭の始まり方がきわめてユニークで革新的なことは先に述べましたが、曲の最後でもこれまでの交響曲に見られない終わり方をしています。第４楽章の最終盤で「ジャン、ジャン、ジャン、ジャン、ジャンジャ、ジャンジャ、ジャンジャ、ジャンジャ」ときてこれで終わるのかと思いきや、「ジャン、ジャン、ジャン、ジャン、ジャンジャ、ジャンジャ、ジャンジャ、ジャンジャ」と続き、これでやっと終わりかと思っているうちに、ようやく「ジャーン、ジャジャジャジャジャジャ・ジャン・ジャーン」で終わるのです。

ジャンジャンばかりで伝わりがたいと思われますが、終わりそうで終わらない状況をご理解いただければ幸いです。この曲の冒頭はきわめてユニークで革新的でしたが、終わり方もこれまでの交響曲に例のない長大な終わり方をしているのです。一般的な交響曲の終わり方は、「ジャン」の一発で終わるか、「ジャン、ジャン」程度で終わりますから、この「ジャンジャン」の多さからして、曲の閉じ方が尋常ではない長さであることが理解できます。

これまで述べてまいりましたように、交響曲第3番「英雄」は、きわめて長大かつ大スケールであること、第1楽章の冒頭と第4楽章の終わり方が先進的・革新的であり、「ハイリゲンシュタットの遺書」を書く前の同1番、同2番にくらべて著しい飛躍が認められることをご紹介しました。

【交響曲第４番　変ロ長調　作品60】

初演：1807年3月7日
場所：ロプコヴィッツ侯爵邸
指揮：ベートーヴェン（36歳）
献呈者：フランツ・フォン・オッペルスドルフ伯爵

○概要

ベートーヴェンの交響曲の中では、古典的な均整の際立つ作品です。エクトル・ベルリオーズは、「スコアの全体的な性格は生き生きとしていて、きびきびとして陽気で、この上ない優しさを持っている」と評しました。

○交響曲第4番の評価：初演で低評価ものちに高評価へ

この作品に対する当時の評価は決して高くありませんでした。第3番「英雄」のあとであっただけに、「古典回帰」とも思われたようで、ワーグナーは、「情熱に欠けた冷たい音楽」と低い評価を下しています。しかし、この評価は、「英雄」を聴き及んでいたために、あまりにも革新的である英雄に比べて古典的であったがための戸惑いによるものと思われます。やはり、前門の「英雄」後門の「運命」のイメージが強過ぎたための評価と推察しています。楽器の編成もフルートが２管から１管に、ホルンも３管から２管に縮小されていますので、曲のスケール的にもやや縮小されたように受け止められたのかもしれません。しかし、初演から４年後の１８１１年の『総合音楽新聞』には、「全体的に明快性に富み、理解しやすく、非常に魅力に富んだ作品」という評価が下されています。「情熱に欠けた冷たい音楽」よりもこの評価の方がこの曲に適していると思いますがいかがでしょうか。

　シューマンがこの曲を評して、「二人の北欧神話の巨人（３番と５番）の間に挟まれたギリシャの乙女」と例えたのは、まさに絶妙の比喩といえます。

○ピアノ協奏曲でも革新性発揮：いきなりピアノソロ（ピアノ協奏曲第４番）

　交響曲第４番と同時期に作曲されたピアノ協奏曲第４番ト長調作品58は、１８０７年３月にウィーン・ロプコヴィッツ侯爵邸で非公開初演されました。ベートーヴェンは、第１楽章冒頭でピアノ独奏による主題提示で始めるという過去に例のない全く新しい画期的なピアノ協奏曲様式を採用しました。それまでは、ピアノの演奏に入る前にオーケストラがメロディーを一定時間演奏し、その後に、ここぞとばかりにピアノ独奏に入るのが通例でした。すなわち、オーケストラの露払いのあとにピアノ独奏が始められていました。例えば、ベートーヴェンも愛したといわれる名曲のモーツアルト作曲ピアノ協奏曲第20番　ニ短調　K．466においてもオーケストラによる演奏（約2分少々）のあとにピアノソロが始まります。そのようなピアノ協奏曲に馴染んでいた聴衆は、いきなりのピアノ独奏による主題提示に驚きを感じたと思われます。その主題のメロディーの音量は比較的小さく、耳をそばだてて聴かないとメロディーが聞き取りにくいことから、一体何が始まったのかと戸惑いを覚えた人々も少なくなかったことでしょう。

このピアノ協奏曲第4番ののちにベートーヴェンのピアノ協奏曲の中で最も有名なピアノ協奏曲第5番「皇帝」が作曲されました。料理番組などで豪華料理が提供される際に流されることが多い曲であり、ゴージャス感満載のメロディーです。誰もが一度は耳にしたことのある、まさに「皇帝」という名にふさわしい名曲です。このピアノ協奏曲第5番の5番という数字は、交響曲第5番「運命」と同じ数字であり、また、最後のピアノ協奏曲という意味からすると、交響曲に例えれば「第九」になります。「運命」と「第九」と奇しくも同じ不思議な巡り合わせをもつ楽曲です。全くの意味のないこじ付けですが、「運命」と「第九」に匹敵する名曲ですので、ぜひ一度お聴きいただければと思います。

○ピアノの発展に貢献：現代のピアノの基礎を構築

ピアノの話題になりましたので、その話題をもう一つご紹介させていただきます。ベートーヴェンは、実は、ピアノの発展にも大いに貢献しました。

ピアノが最初に考案・製作されたのは、イタリアの地で１６９８年のことです。メディチ家に仕えていたバルトロメオ・クリストフォリによります。クリストフォリは、従来からの鍵盤楽器であるチェンバロの音が強弱の変化に乏しいことに不満を抱き、その改善を目的として、弦をハンマーで叩いて鳴らすアイデアを考案し、改良を重ねて現在のピアノの原型を製作しました。

ベートーヴェンは、ピアノ曲を作曲するにあたり、曲の構想上の音域がそのとき使用していたピアノの音域（鍵盤数）をはるかに超えていましたので、ピアノ製作者に対して常に鍵盤数の増加を要求していました。彼は、ピアノ製作者に対して、「ピアノは楽器の中で最も研究が遅れている」と伝えていました。すなわち、鍵盤数や構造、ペダルの改善などを製作者に要求していたのです。例えば、鍵盤数については、ピアノ・ソナタ第８番「悲愴」（１７９８年作曲）においては61鍵であり、その後、同21番（ヴァルトシュタイン：１８０４年作曲）では68鍵、同29番（ハンマークラヴィーア：１８１８年作曲）において73鍵と鍵盤数は徐々に増加していきました。そして、現在の88鍵に至ったのですが、その礎を築いたのはベートーヴェンでした。もし、鍵盤数がベートーヴェンの曲想に合致した形で製作されていたらさらに魅力的で聴衆に感動を与えるピアノ曲が作曲されていたことでしょう。また、ペダルに関しても、ベートーヴェンの助言により、ひざレバー方式からペダル方式に改善されました。さらに、彼は、音量や音色についてまでピアノ製作者にアドバイスを与えていました。このように、ベートーヴェンは、ピアノの進化にも多大な貢献をなしました。

また、ピアノ製作者のアンドレアス・シュトライヒャーは、耳が聞こえにくかったベートーヴェンのためにピアノの音がよく聞こえるようにとピアノの上に音を集めやすいフードのようなボックスを載せ、ピアノの音を集音する構造のピアノを開発してベートーヴェンに贈りました。ベートーヴェンは、そのボックスの中に頭を入れてピアノの音を確認していました。シュトライヒャー夫妻は、ピアノの発展に貢献しましたが、ベートーヴェンの補聴器の製作や病気の看病、資産運用なども手伝い、彼からの信頼は厚かったのです。夫妻の墓は、ベートーヴェンの墓のすぐ近くにあることから、その信頼の厚さがうかがえます。

さらに、ベートーヴェンは、メトロノームを最初に用いた作曲家といわれています。メトロノームは、1812年にオランダ人のディートリッヒ・ニコラウス・ヴィンケルが考案し、ドイツ人のヨハン・ネポムク・メルツェルがそれを改良してメトロノームの名で商品化しました。1816年に発売されましたが、ベートーヴェンは、その存在を知るや否や１８１７年に導入し、交響曲第1番から８番までのメトロノームテンポを発表し、音楽史上で初めてメトロノームを活用しました。ベートーヴェンは、進取の気性にも富んでいたのです。

ちなみに、ウィーン・中央墓地にあるベートーヴェンの墓は、メトロノームの形をしています（Ｐ１６０参照）。

○ビジネスにおける先見性：ピアノ輸出を提言

シュトライヒャーがピアノの発展に貢献したことは前述しましたが、ベートーヴェンは、１７９６年11月19日付で彼にピアノの輸出を提言していました。その手紙をご紹介します。産業革命は、１７６０年代から１８３０年代にかけてイギリスで起こりました。ベートーヴェンは産業革命の時代のただ中におりました。

産業革命では、革新的技術が発明されました。例えば、エドモント・カールライトによる蒸気機関を動力とした力織機の発明や、それを利用した紡績産業が発達しました。鉄鋼業におきましても、従来の木炭製鉄法に代わりコークス製鉄法が開発され現在の製鉄技術の基礎が確立されました。イギリス以外の国々はそれらの技術を輸入して自国の技術の向上をはかり、国の発展につなげました。前置きが少し長くなりましたが、このように各国はイギリスの技術を輸入する時代でしたが、このような時代背景において、ベートーヴェンは、すでにピアノの輸出をシュトライヒャーに提言していました。以下のベートーヴェンの手紙をご覧ください。

「愛するシュトライヒャーへ、一昨日あなたのピアノを受け取りました。本当に素晴らしい楽器です。他の人なら誰でもこんな楽器を欲しいと思うでしょう。――中略―― シュトライヒャーさん、私は、あなたのご親切に心から感謝しています。私はただ、そのご親切に何かの方法で報いたいと思うばかりです。この手紙で申し上げるまでもなく、あなたがたの優れた楽器が、この国ばかりではなく、外国にまでも認められることを願っていることを、きっと信じてくださると思います。私があなたの親しい、愛情あふれる友であることを忘れないでください」と伝えています。

外国にまでも認められることを願っているということは、認められればピアノを輸出することが可能になりますので、ベートーヴェンは、産業革命中の輸入の時代にありながらピアノの輸出を提案していたといえるでしょう。意外にもビジネスにおいても先見性・先進性を発揮していました。

【交響曲第5番　ハ短調　作品67「運命」】

初演：１８０８年12月22日
場所：アン・デア・ウィーン劇場
指揮：ベートーヴェン（38歳）
献呈者：フランツ・ヨーゼフ・フォン・ロプコヴィッツ侯爵
　　　アンドレアス・キリロヴィチ・ラズモフスキー伯爵

○概要

日本では一般に「運命」と呼ばれ、クラシック音楽の中でも最も有名な曲の一つです。ベートーヴェンの交響曲の中でも、最も緻密に設計された作品であり、その主題展開の技法や「暗から明へ」というドラマティックな楽曲構成は、後世の作曲家の模範とされました。

○冒頭の驚愕の4連打「ジャジャジャジャーン」：4連打で「英雄」に「倍返し」

交響曲第5番「運命」の冒頭の「ジャジャジャジャーン」を知らない人はほとんどいないのではないかと思うほど、クラシック音楽の世界で最も有名なフレーズとして知られています。中学校の音楽の時間に聴いた人も多いかと思います。小学生のころに、何か不吉なことに出くわしたとき、もしくは、思いもよらない結果に「ジャジャジャジャーン」と叫んでいたのは、私だけではないでしょう。交響曲第３番「英雄」の冒頭の「ジャン・ジャン」で聴衆が驚愕したことを述べました。言葉は悪いですが、「ジャン・ジャン」で往復ビンタを食らったように驚きましたが、第５番の冒頭の「ジャジャジャジャーン」ではいきなりの４連打で「倍返し」されたのですから腰を抜かすほど驚愕したものと推察します。驚愕するならまだしも、ベルリオーズは、フランスで初めて「運命」が演奏されたときの様子を「フランス・アカデミーの教授たちは、強い衝撃を受けながら、一様に拒否した」と記しています。さて、この４連打は、第１楽章のモチーフですが、このモチーフのリズムを変え、音程を変化させて様々な形式で第１楽章が展開されます。この４連打の変形が第１楽章で２００回以上繰り返されているのですから驚きます。このように一つのモチーフを展開させて音楽を形成する方式もベートーヴェンが確立したのですから、この点でも「運命」は、きわめて革新的といえます。

　大指揮者ヴィルヘルム・フルトヴェングラーは、この第１楽章を次のように評しています。「音の言葉と魂の言葉と、音楽の建築様式と人間の精神生活に根ざし、結び付けられた戯曲の調和であるが、なかんずく自我と人類、個人の不安な魂と一切を包括する共同体との調和なのである」。

なお、余談ですが、当初は、この「ジャジャジャジャーン」がフルートの演奏で計画されたそうですが、フルートによる出だしと全オーケストラが奏でる4連打とではだいぶイメージが異なる気がします。もし、フルートだったら、「運命」はこれほどまでに有名になっていなかったのではと想像します。ベートーヴェンは、推敲に推敲を重ねて楽曲を完成させるタイプの音楽家ですが、この冒頭をフルートにすべきか、オーケストラにすべきかについても熟慮に熟慮を重ね、推敲に推敲を重ねたことと思われます。ある楽曲においては、推敲を重ねすぎたあまり、楽譜に穴が開いてしまい、その上に紙を貼って音符を書いている部分もあるそうです。常に楽曲の完成度を限りなく高めることを追求してゆく姿勢、まさに、これがベートーヴェン・スタイルといえます。

○新たに3種の楽器の投入：音域拡大・エネルギー倍増

第4楽章では、過去に交響曲では用いられていなかった楽器であるトロンボーンとコントラファゴットおよびピッコロが新たに導入されました。交響曲にそれらの楽器を用いるのは初めての試みです。しかも、一度に3種類もの楽器の新規投入です。ここでも、ベートーヴェンの先進性や革新性がうかがえます。ピッコロを導入することでオーケストラ全体の高音域を広げ、コントラファゴットで低音域を広げる工夫をしました。また、トロンボーンを投入することにより、より強い音を響かせ、交響曲の音の拡がりと深みや奥行きを高めています。このように新規に3種類の楽器を投入したことにより、「運命」はより一段と質が高く、印象深い音楽になりました。なお、放映ではピッコロの場面では、奏者がアップで映され、それまでずっと待機していたエネルギーを一気に爆発させます。ピッコロ奏者の活躍する場面です。

○切れ目なしに次の楽章へ：一気に勝利宣言

一般的に交響曲は4つの楽章で構成されています。それぞれの楽章ごとに完結し、次の楽章に移る前に空白の時間がありました。モーツアルトやハイドンの時代においてもそのように作曲されていました。ところが、ベートーヴェンは、この「運命」において第3楽章の終わりに空白の時間を設けることなく、休みなく第4楽章に入ります。これも当時としては先進的で画期的なことでした。ただ単に空白を設けずに次の楽章に入るだけではありません。第4楽章冒頭はファンファーレ的に歌い上げますが、第3楽章の終盤では、不安で不吉な予感のするメロディーが流れ、それをしばらく続けたのちに、突然に第4楽章冒頭のファンファーレが打たれるのです。換言すれば、第3楽章の終盤の伏線により、第4楽章のファンファーレが引き立つように工夫されています。もし、この伏線部分で第3

楽章が終了し、一呼吸置いて第４楽章のファンファーレに入ると、音楽の連続性やメロディーの安定性、さらに、高揚感の観点からそのファンファーレは著しくインパクトの弱いものになってしまいます。ですから、ベートーヴェンは、それらの効果を計算して空白の時間を設けずに続けて第４楽章に入ったものと推察します。

　また、このファンファーレは、涙が出るほどに美しく、力強く、かつ、壮大なスケールとエネルギーをもって人々の心を揺さぶります。第１楽章で運命に翻弄され続け、第２楽章、第３楽章で逃げずに受け入れて対峙し、第４楽章でそれらを克服したというストーリー性を感じざるを得ません。ベートーヴェンが難聴や人生の苦難を克服した勝利宣言のファンファーレのようです。ドーミーソーファミレドレド、ドードレー、レーレミー、ドレミファミファソラソラシドー、ドレミファミファソラソラシドー……と続くのですが、このフレーズを聴くと何か勇気や力を与えられたような気がしてくるから不思議です。ベートーヴェンの音楽は、人に希望と勇気を与えますが、それも人気の理由です。

　ベートーヴェンの楽曲は、堅牢な構造物のようであると評されます。構造物が堅牢であるためには、基礎がしっかりしていて、その基礎の上に一つずつ構造物を積み上げていかなければなりません。第４楽章の冒頭のファンファーレがそれをよく表現しています。初めのドーミーソーは音が２音階ずつ上がっていきますが、その後は、（ドーミーソー）ファミレドレドー、ドードドレー、レーレミー、ドレミファミファソファソラソラシドー、ドレミファミファソラソラシドー……このように1音ずつの音階の上下の変化で構成されています。1音ずつの変化で音符をつなげていくことにより、このように美しく、壮大で、エネルギッシュなメロディーを組み上げる手法は、ベートーヴェンならではの手法であり、まさに、天才のきわみです。ベートーヴェンの真骨頂ともいえます。のちほど「第九」の項でご説明させていただきますが、「第九」の「歓喜の歌」でもこのような傾向が認められます。まさに楽聖のなせる技といえます。

○指揮者泣かせの冒頭のタイミング：みんな頼むよ！

「運命」の冒頭の「ジャジャジャジャーン」をオーケストラ全員が集中して一致して音を出すのは難しいそうです。もし、それに失敗したら、この交響曲全体が台無しになるからです。指揮者や演奏者が最も緊張する場面です。なぜ難しいのでしょうか？それは、「ジャジャジャジャーン」の前に休符があるからです。交響曲が、休符からスタートする例は過去にありません。この休符は、冒頭の「ジャジャジャジャーン」をより効果的に表現するためと考えられます。ただ、いきなり「ジャジャジャジャーン」と入るのではなく、1拍置いてから入るのです。このあたりもベートーヴェンの交響曲を盛り上げるための技術が隠されています。

それでは、指揮者はどのようにして楽団員の意思を統一しているのでしょうか。かの有名なヘルベルト・フォン・カラヤンは、イチ・ニ・サン・ンで「ジャジャジャジャーン」に入るそうです。一方、20世紀の巨匠としてカラヤンと並び称されるレナード・バーンスタインの場合は、イチ・ニ・ンで指揮棒を振ったそうです。それぞれの指揮者は、意思統一のために様々な工夫をしているようですが、いずれにしても、この冒頭の音合わせに全神経を集中する緊張感は、筆舌に尽くしがたい苦難といえそうです。まさに、交響曲第5番「運命」の運命を決定付ける瞬間です。ベートーヴェンは、休符で始まるという新たな試みに挑戦しましたが、指揮者や演奏家泣かせの「ジャジャジャジャーン」といえそうです。

【交響曲第６番　ヘ長調　作品68「田園」】

初演：1808年12月22日
場所：アン・デア・ウィーン劇場
指揮：ベートーヴェン（38歳）
献呈者：フランツ・ヨーゼフ・フォン・ロプコヴィッツ侯爵
　　アンドレアス・キリロヴィチ・ラズモフスキー伯爵（5番と同様）

○概要

古典派交響曲としては異例の5楽章で構成されており、第3楽章から第5楽章は連続して演奏されます。第6番のタイトルおよび各楽章に表題がつけられるなど、ベートーヴェンが完成させた9つの交響曲の中では、合唱を挿入した交響曲第9番と並んで独特の外形的特徴を持ちます。

○標題音楽の開拓者：ドビュッシーよ、続け！

「田園」というタイトルは、ベートーヴェンが自ら命名しました。各楽章に次のような表題がつけられています。

第1楽章：田舎に着いたときの快い感覚の目覚め

第2楽章：小川のほとりの情景
第3楽章：田舎の人々の楽しい集い
第4楽章：雷雨、嵐
第5楽章：牧歌。嵐のあとの喜びと感謝

第1楽章の冒頭のタ・タッタ・ティー・ラララッタ・ティラリラリラー……あまりにも有名で、テレビのコマーシャルにもよく利用される旋律です。このメロディーを聴くと、森と湖に囲まれた自然豊かな田舎に着いたときのゆったりとした気分になるので不思議です。第2楽章では、小川のせせらぎが聞こえてくるようで、第3楽章においては、村の人々が村祭りで集い、収穫を祝い、ダンスなどを楽しんでいる情景が目に浮かびます。村の人々が楽しく踊っているときに、第4楽章で急に雷鳴がとどろき、嵐のような暴風雨に見舞われる様子が描かれています。嵐が去ったあと、第5楽章では、静穏で天上の音楽のような牧歌のメロディーが流れます。まるで自然の神に祈りをささげて喜びと感謝の気持ちを伝えているようです。

　ベートーヴェンは、自然を音で描写するのではなく、人々の感情を音楽で表現しようとしたところが革新的です。この標題音楽「田園」は、その後の作曲家に多大な影響を及ぼしました。エクトル・ベルリオーズは、「ベートーヴェンは、音楽だけで田園を描いた。

言葉が無くても風景や物語、あるいは概念を描けるのだ」とこの曲を賞賛しました。そして、本人も標題音楽として、「幻想交響曲」を作曲しました。また、フランツ・リストは、交響曲の形式に囚われない「交響詩」というジャンルを確立しました。ドビュッシーは、「交響詩海」を作曲しました。このほかにも標題音楽というジャンルで多くの作曲家に影響を及ぼし、また、多くの作曲家がそれに続きました。ベートーヴェンは、標題音楽の開拓者となりました。

なお、「田園」においても、第3、第4および第5楽章は、切れ目なく連続的に演奏されており、「運命」における第3楽章と第4楽章を切れ目なく演奏する様式は「田園」においても継承・発展されています。

余談になりますが、当時ピアニストとして圧倒的な人気を誇っていたリストは、ベートーヴェンに大いなる尊敬の念を抱いており、9つの交響曲すべてをピアノ1台で演奏するピアノ曲に編曲するという離れ業を成し遂げました。また、ベートーヴェンの生誕地のボンにベートーヴェンの像が建造されましたが、その建設費として多大な寄付を行いました。

○自然を愛したベートーヴェン：自然は神

「ベートーヴェンほど自然を愛し、自然に親しんだ芸術家は、過去にも現在にも存在しない」とよくいわれます。ベートーヴェンは、幼いころからボンの自宅の窓からライン川の流れを見渡し、対岸の古城や峰々の景色を心ゆくまで楽しんでいました。彼は、稀に見る健脚家でした。森や丘を歩き回るときに、彼の無尽蔵な想像力が湧き出てくるのでした。森の中を何時間も歩いてもものともしなかったそうです。ヨハン・ゴットフリート・ヘルダーの詩集の中の「歌の力」の箇所に、ベートーヴェンの筆跡で次のようなメモが書きつけられています。「私の不幸な聴覚のことは、この麗しい大自然の中では、何も苦にならない。ここでは、立ち木の一本一本までが、私に話しかけているようだ。聖なる哉、聖なる哉」と。大自然が彼の苦痛を癒し、創作意欲をかき立てました。

　また、１８１５年ごろのスケッチブックに、〝自然礼賛〟の言葉を次のように記しています。「森の中の全能なるものよ！　私は森の中では喜びに満ちて幸せです。どの樹も御身を通して語りかけてきます。おお、神よ！　何という素晴らしさ！　このような森の中に、天空に、やすらぎが、神に仕えるやすらぎがある」。ベートーヴェンは、自然の大いなる力により苦難を克服し、あふれ出る創作意欲を高めました。

　ベートーヴェンは、ハイリゲンシュタット周辺を散策していたときに、弟子のシントラーに「ここで私は『田園交響曲』の小川のほとりの情景を思いついたのだ。そのときホオジロが高い梢に止まっていて、自分を取り巻くウズラやカッコウやナイチンゲールの群れの鳴き声を私は曲の中に取り入れた」と伝えました。まさに、第2楽章の「小川のほとりの情景」における、カッコウなどの鳴き声の描写の様子を伝えていました。

著名なハープ製作者のストゥムフも、よく散歩に誘われた一人でありました。ベートーヴェンは、あるとき以下のように彼を誘いました。「自分には穢れのない自然の中で休養をとり、魂を洗い清める必要がある。どうだ、君も一緒に私の友達・仲間を訪ねようと思わないか。――中略――　友よ、ここには人間社会の醜い嫉妬や偽りもない。――さあ来たまえ――　今朝はまた何という素晴らしい朝なんだろう」と。

第2楽章では、鳥の鳴き声を模倣した旋律が奏でられています。ナイチンゲールをフルートで、ウズラをオーボエで、カッコウをクラリネットで表現しています。この鳥たちの名前はすべて総譜に記載されています（P111参照）。この中でもカッコウの鳴き声は2本のクラリネットで表現されており、なるほどカッコウの鳴き声を連想させます。自然をこよなく愛するベートーヴェンは、かねてより自然の声としての鳥のさえずりを交響曲に挿入したいと念じていて、それを実現したのが第2楽章です。余談ですが、ハイリゲンシュタットには「ベートーヴェンの散歩道」といわれる、ベートーヴェンが散歩を楽しんだ道があります。私が訪れたのは、彼が散歩したときから約２００年経過していましたが、小川が流れ、森のささやきが聞こえてくるようで、趣のある散歩道でした。「ああ、この道をベートーヴェンが散歩していたのか」という感慨にふけりながら歩いたことを記憶しています。

なお、小中学校の音楽室には、森の中で楽譜帳を持ったベートーヴェンの肖像画が掲げられているのを目にします。まさに、森の中で湧きいずる曲想をそれに書き移している場面の絵です。１８１９年から１８２０年にかけて画家ヨゼフ・スティーラーにより描かれました。楽譜帳表紙には、「ミサ・ソレムニス　ニ長調」と書かれています。ベートーヴェンの肖像画は、クレーバー、シモン、ワルドミューラーなどの描いた作品など多く存在しますが、ベートーヴェンの少年時代からの友人シュテファン・フォン・ブロイニングは、「近来の肖像画の中で、スティーラーが一番優れている」と言って、この絵の石版印刷を多数注文して近親や友人に配ったそうです。個人的には、スティーラーの描いた肖像画も好きですが、クレーバーのそれが好みです。

○自然は心の学校：この学校で智慧を学び取る

１８１８年のベートーヴェンの日記には、自然は心の学校であるとの次の記載があります。クリストフ・クリスチャン・シュツトゥルム著『自然界における神のみわざについての観察』からの抜粋をメモとして書き留めたものです。「自然は素晴らしい心の学校である。よろしい、私はこの学校の生徒となって、その教えに従って心を導こう。この学校で、私は智慧を学び取る。それは、いとわしいものにつながらない唯一の智慧なのだ。ここで、私は神を知ることを学び、神の摂理を見出すことを学ぶだろう。この自然の学校で学ぶうちに、私のこの世での日々は平和に流れ去って、ついには、私はもはや生徒ではなく、知者の世界に受け入れられるようになるのである」ベートーヴェンが、その死後に残した蔵書のうち、シェークスピアの諸作、ホーマーの「オデッセイア」、ゲーテの「西東詩篇」などと並んでこのシュトゥルムの著作は、彼が繰返し熟読した痕跡をとどめている書物です。一種の自然哲学を説いたシュトゥルムの著作は、自然美の発見と理解とを養うベートーヴェンにとっての最良の書となりました。この引用句は、ベートーヴェンの自然観と宗教観を端的に表現していると思います。

○5楽章の交響曲に挑戦：限りなき進化

交響曲は、一般的に4楽章で構成されますが、ベートーヴェンはこの曲で通常より1つ多い5楽章に挑戦しました。それまで、モーツアルトの「プラハ」（交響曲第38番ニ長調K・

504）のような3楽章の交響曲はありましたが、5つの楽章からなる交響曲はありませんでした。その意味でも「田園」には先進的・革新的な要素が含まれています。5楽章にした理由は、ベートーヴェンが愛する自然の姿にストーリー性を持たせるためには、どうしても5つの楽章が必要と考えたためと思われます。すなわち、「田舎に着いて快い気分になり、小川のせせらぎに癒され、村では人々が村祭りを楽しんでいます。そのときに突然雷鳴がとどろき嵐がやってきます。嵐が去ったあとには牧歌的な世界が広がり、神に感謝の祈りをささげます」という一連のストーリーを完遂するためには、やはり5つの楽章が必要であったものと推察します。

○第3楽章から第5楽章を大統合：統合の必然性（独自解釈）

既述の交響曲第5番「運命」において、新たな先進的・革新的取組みとして第3楽章から第4楽章までを休みなしに続けて演奏することをお伝えしました。ところが、この第6番「田園」においては、第3楽章から第5楽章までの3つの楽章を休みなしに一気に演奏する大統合を行いました。「運命」を超える離れ業です。これは、偶然ではなく必然であると私は考えます。その理由をご説明します。第3楽章は、〝田舎の人々の楽しい集い〟ですから、例えば、秋の収穫が終わり、実りに感謝し、人々が歌ったり踊ったりして楽しんでいる情景が楽曲からうかがえます。新酒のワイン（ホイリゲ）を飲んでほろ酔い気分で歓談している人々もいるでしょう。

次の第4楽章は、〝雷雨、嵐〟です。当然のことながら、雷雨や嵐は突然やってくるものですので、第4楽章の前で休みを入れると雷雨や嵐の突発性が損なわれることから空白を入れずにこの楽章に移るのは必然のことと考えられます。また、音楽も稲光や風雨に逃げ惑う人びとの情景を写実的に表現しています。雷雨や嵐が突然やってくることにより、集いを楽しんでいる人々があわてて逃げ惑う情景が目に浮かぶようです。そうして嵐が通り過ぎるのを待っている人々に対して、嵐は足早に通り過ぎ、その後、突然に、もしくは、緩やかに晴れ上がり、第5楽章の〝牧歌。嵐のあとの喜びと感謝〟に続くという解釈です。すなわち、第3楽章から第5楽章までは、一連の情景や人々の心理の流れに寄り添うと、休みなく一気に続ける方が効果的ゆえに、3つの楽章の大統合が必要だったと考えます。従って、大統合は一連の流れから判断して必然であるというのが私の個人的見解です。

「田園」第２楽章楽譜
（カッコウ、ウズラ、ナイチンゲールが鳴きかわすところ）

2021.

【交響曲第7番　イ長調　作品92】

初演：1813年12月8日
場所：ウィーン大学講堂
指揮：ベートーヴェン（42歳）
献呈者：モーリッツ・フォン・フリース伯爵

○概要

交響曲第5番や第6番における様々な新たな試みののちに、再び正統的な手法による交響曲に回帰した作品です。リヒャルト・ワーグナーは、各楽章におけるリズム動機の活用をさして、この曲を「舞踏の聖化」と絶賛している一方で、ウェーバーは、「ベートーヴェンはいまや精神病院行き」との言葉を残し、音楽家からの評価は様々です。

○初演で初めて熱狂的な支持を受けた曲：リズムの神格化

ベートーヴェンは、先進的・革新的な音楽を創造し、進化し続けたために、その音楽は従来のハイドンやモーツアルトなどの音楽になじみのある聴衆から、必ずしもいつも支持を得てきたわけではありませんでした。

「ハイリゲンシュタットの遺書」後に書かれた交響曲第3番「英雄」においては、それまでの交響曲第1番や第2番に比べて1段階も2段階もステップアップした先進的・革新的楽曲であるにもかかわらず、それをストレートに受け入れた人々は、必ずしも多くはなかったのです。中には、第1番や第2番の方が受け入れやすいと感じていた人々もいました。アレグザンダー・ウィーロック・セイヤーの伝えるところによると、フライミューティゲという新聞記者は、「交響曲第3番の聴衆の反応は3つのカテゴリーに分かれる。

その一つは、ベートーヴェンと親しい友人たちの意見で、この交響曲は傑作であり、高い水準にある音楽の一つの典型であって、現在の聴衆が喜ばないのは、彼らの芸術的教養が不充分であるため、この交響曲の高貴な美しさを把握し得ないからだ。長い年月の経った後には、必ずその進化が認められるであろうというのである。

第2の意見は、この交響曲の芸術的価値を否定するものである。音楽の美しさ、真の崇高さ、力強さの表現に失敗しているというのである。

第3のジャンルに属する少数の意見は、先の2つの意見の中間にあるもので、この交響曲に多くの美しさを認めながらも、そのつなぎ合わせが支離滅裂だというのである。そして、この交響曲の異常な長さは、音楽の玄人でさえも退屈させるものである。初期の交響曲1番2番に立ち返るべきである、という意見である」と論評しました。

また、交響曲第5番「運命」と第6番「田園」の初演では、その他の曲と組み合わせて実施されましたが、演奏が超長時間にわたり、聴衆を退屈させてしまったため、不評とはいえないまでも成功とはいえなかったのが実態のようでした。

しかし、この交響曲第7番は違いました。初演は、メトロノームを製作したヨハン・ネポムク・メルツェルの主催による「疾病兵のための慈善演奏会」として開催されました。ナポレオン戦争で疾病を負った兵士たちを慰めるための演奏会でした。ナポレオン戦争でウィーン市民の気持ちは落ち込んでいましたが、この明るく活気のあるメロディーやリズムは、それらの鬱積した気持ちを払拭するかのように市民に響きました。フランツ・リストは、この曲を「リズムの神格化」と評し、前述のようにワーグナーは、「舞踏の聖化」と讃えました。

ベートーヴェンは、この曲で、初めて熱狂的な支持を受け、国民的大作曲家の地位を獲得しました。

○ウィーン会議で披露：会議は踊る、7番は大喝采

ナポレオン戦争が終結し、戦後のヨーロッパの秩序回復と領土分割をテーマとして、ヨーロッパ各国の代表が集結してウィーン会議（1814年9月1日～1815年6月9日）が開催されました。領土分割の話し合いが紛糾し、会議に臨んだ各国代表も議論に熱

が入らず、毎晩のように晩餐会や舞踏会が開かれました。「会議は踊る、されど進まず」と皮肉られた会議として有名です。

その会議については、多くの方がご存じのことと思われますが、あまり知られていない事実があります。それは、ベートーヴェンの楽曲が会議期間中のセレモニーで、何度も演奏され、大好評を博していたことです。１８１４年9月26日、その会議の始まりのセレモニーの中でベートーヴェンの「フィデリオ」が上演され大好評を得ました。それに気をよくした事務局は、同11月29日に大演奏会を企画しました。会議に参加したすべての帝王、王妃、貴族など6千人もの聴衆は立錐の余地のないほどに会場をうずめたそうです。

そのときに演奏されたのが、交響曲第7番と「ウェリントンの勝利」（戦争交響曲）でした。そして、再び大喝采を受けました。演奏が終わるごとの嵐のような拍手に来場者は、「生涯再び経験のできない熱狂的なもの」と評したそうですから、どれほどの熱狂ぶりかが想像できます。当時、6千人もの聴衆が一堂に会したことに驚嘆しますが、演目が連合軍の勝利とナポレオンの没落という時代背景に合致していたことも一層の盛り上がりを見せた一因と思われます。

ウィーン会議のような歴史の事実にベートーヴェンの音楽が関与していたことに妙な感慨を覚えた次第です。

なお、交響曲第7番は、『のだめカンタービレ』でおなじみの曲です。

「のだめカンタービレ」

クラシック音楽をテーマとした日本の漫画『のだめカンタービレ』（二ノ宮知子原作）のテレビドラマ化で人気を博しました。民放において、２００６年10月から12月まで、月曜日9時から連続ドラマとして11回放送されました。上野樹里さん（野田恵役：通称のだめ）と玉木宏さん（千秋真一役）がW主演しました。指揮者を目指す音大生・千秋は、行き詰まりを感じていました。その時に同じ音大のピアノ科在籍の〝のだめ〟と知り合い、お互いが成長していくというストーリーです。この番組のオープニングに用いられ、番組中にも多用されたのが、ベートーヴェンの交響曲第7番でした。クラシック音楽番組ですのでリアリティを高めるために公募により「のだめオーケストラ」が編成されました。N交響楽団やT交響楽団なども協力したそうです。番組では、『運命』、『英雄』、『第九』のほかガーシュインの『ラプソディ・イン・ブルー』、ブラームスの交響曲第1番などの多くのクラシックの楽曲が流れました。

【交響曲第8番　ヘ長調　作品93】

初演：1814年2月27日
場所：ウィーン・レドゥーテンザール
指揮：ベートーヴェン（43歳）
献呈者：なし

○概要

交響曲第7番の方がこの曲より人気があることに対し、ベートーヴェンは「聴衆がこの曲（8番）を理解できないのは、この曲があまりに優れているからだ」と語ったといいます。ベートーヴェンの交響曲の中では比較的小規模で、従来の古典的な形式に則っていますが、独創的な表現にもあふれています。

○不滅の恋人：揺れ動く恋心

ベートーヴェンの死後、3通の「不滅の恋人」への手紙が彼の机の秘密の引き出しから発見されました。1812年7月6日の朝、夕、そして翌日7日の朝の3回に分かれて書かれた手紙です。内容の詳細は紙幅の都合で省略しますが、いずれも長文でベートーヴェンの熱い想いが込められた内容です。この不滅の恋人の研究については、これまで様々な研究がなされています。テレーゼ・フォン・ブルンシュヴィク説、ヨゼフィーネ・ダイム（テレーゼの妹）説、ジュリエッタ・グイチャルディ説等々様々な候補が挙がっていますが、現在のところアントーニア・ブレンターノ説が有力とされています。いずれにしましても、ベートーヴェンは、この時期に「不滅の恋人」と貴重な時間をボヘミアのカールスバートで過ごしたそうです。そのときの思い出を交響曲第8番に込めました。

なお、この手紙がベートーヴェンの手元にあったことから、それらは、受け取った相手から返送されたものか、それとも、投函しなかったのかは解明されていません。

余談ですが、「アントーニア・ブランターノ」説を初めて説いたのは青木やよひ氏だそうです。まず、１９５９年にN交響楽団の機関誌『フィルハーモニー』に掲載されたエッセイ風のもので、ついで１９６８年に単行本『愛の伝説』中の1章でいずれもベートーヴェンの「不滅の恋人」をアントーニア・ブレンターノと推定して論じました。当時は、誰も関心を示さなかったそうですが、アメリカのメイナード・ソロモンが１９７２年の『ミュージカル・クウォータリー』で数々の証拠に基づきアントーニア説を説いたことから、現在は、アントーニア・ブレンターノが「不滅の恋人」であることが有力とされています。

○ベートーヴェンが最も愛した曲：誰にも献呈せず

この曲は序奏がなく、いきなり第1主題が提示されます。交響曲第5番やピアノ協奏曲第4番などと同じ形式です。ベートーヴェンは、ときどきこのような手法を用います。しかし、第5番「運命」のように「ジャジャジャジャーン」と重苦しい出だしではなく、ヘ長調の3拍子で軽快で明るく、心が弾むようなメロディーです。不滅の恋人アントーニア・ブレンターノと会っていたイメージ、もしくは、彼女との楽しい思い出を心に描きながら作曲したと思われるような曲調です。ベートーヴェンは、この第8番が最も愛する曲だと述べています。

やはり、彼女の面影が映り込んだ曲だからでしょうか。通常は、交響曲でもピアノ・ソナタなどでもほとんどすべての楽曲はパトロンである侯爵や男爵などの貴族、もしくは、親しい友人（例えば、ピアノ・ソナタ「月光」は、ベートーヴェンが恋したピアノの弟子でもあったジュリエッタ・グイチャルディ）に献呈しています。しかし、この曲に限っては誰にも献呈されていません。

ベートーヴェンが終生自分の手元に置いておきたかったからでしょうか。余談ですが、レオナルド・ダ・ビンチは、かの有名な「モナリザ」を終生手元に置いて、加筆を行っていたそうですので、同じ様な心境なのでしょうか。真相は不明です。

ところで、ベートーヴェンは、この交響曲第8番を一番に愛した曲としていましたが、一番の出来の良い交響曲は、何番と考えていたでしょうか？「運命」？「田園」？ 違うのです。

詩人でのちにオーストリアの宮廷秘書官となったクリストフ・クフナーは、1817年の夏をベートーヴェンと同じハイリゲンシュタットで過ごしました。このとき、クフナーは、たびたびカーレンベルクの山の麓にある田舎料理店ツール・ローゼで夕食を取りました。魚の好きなベートーヴェンは、この店によく魚を食べに来ていたのです。そんなある夕べにベートーヴェンは非常に機嫌がよかったのです。その機を逃さずクフナーは、ベートーヴェンに尋ねました。「率直に言って、あなたの交響曲のうちで一番お好きな曲はどれですか?」それに対し、ベートーヴェンは、「『エロイカ（英雄）』ですよ」と答えました。クフナーは、「私は、ハ短調の『第5（運命）』かと思いましたよ」。するとベートーヴェンは、「いや『エロイカ』ですよ」と言ったそうです。ですから、答は「第3番（英雄）」です。

ベートーヴェンは、二度も「エロイカ」と断言したのですから、「エロイカ」が一番のお気に入りだったことは確かなようです。ただし、この時点では「第九」が作曲されていませんでした。もし、「9つの交響曲の中でどれが一番の好みの曲か?」と問われたときにベートーヴェンがどのように回答したかは興味深いところです。

○第3楽章でカールスバートのポストホルン：思い出のホルン

第8番の第3楽章でトリオの導入部でアントーニアと過ごした思い出の地カールスバートの「カールスバートのポストホルン」のメロディーがホルン二重奏で奏でられます。とても郷愁をそそる美しいメロディーです。カールスバートの思い出のかけらを曲に埋め込み、終生にわたりこの曲を聴くたびに彼女を思い出していたのでしょうか。ベートーヴェンは、意外にロマンチックなところがあるのかもしれません。なお、ベートーヴェンは、ピアノのほかにバイオリンやビオラを弾いていましたが、ホルンも演奏できたそうです。

多才で、まさに音楽のために生まれてきたような人です。個人的な感想ですが、ベートーヴェンの曲ではホルンがポイント・ポイントで貴重な役割を果たしており、とても美しい音色とメロディーを奏でることが印象的です。個人的なことで恐縮ですが、オーケストラの楽器の中で私の一番のお気に入りはホルンです。この第8番の第3楽章ももちろん素敵ですが、「英雄」の第3楽章のホルン三重奏、「運命」「第九」のホルン演奏、さらに、その他の楽曲におけるホルンのパートなど、とても味のある、楽器特有の郷愁を誘うメロディーと音色に聞き惚れてしまいます。ホルンは、従来は、ラッパのようにリズムを奏でる楽器として用いられていたのですが、ベートーヴェンは、交響曲においてホルンにメロディーを与えた初めての作曲家といわれています。ベートーヴェンのホルンの使い方・メロディーは絶妙です。これは、彼がホルンを演奏できたことが大いに関係していると推察しています。

○ティンパニーが大のお気に入り：にぎやかなのが大好き

ベートーヴェンの交響曲においては、ティンパニーが重要な役割を果たしています。交響曲第５番「運命」の第４楽章冒頭のファンファーレの部分でも、ティンパニーがファンファーレのドー・ミー・ソーのリズムに合わせて「ドーン、ドーン、ドーン……」と打ち鳴らしますが、その「ドーン、ドーン、ドーン……」がいかにも苦難を克服したベートーヴェンの雄叫びをさらに効果的に、かつ、盛り上げているような気がします。この交響曲第８番の第４楽章フィナーレにおいてもオクターブの〝ファ〞と〝ファ〞を連打します。

まるで和太鼓の乱れ打ちの如く激しく打ちまくります。このときはテレビカメラもティンパニーを大写しにします。まさにティンパニー奏者の腕の見せ所で、力の入る場面です。また、「第九」の第2楽章でもティンパニーが大活躍して曲を大いに盛り上げています。専門家によっては、この楽章を〝ティンパニー協奏曲〞と例える人もおります。ティンパニー奏者によれば、「『第九』を演奏するときには、トレーニングをよくしておかないと」とのことですので、「第九」の演奏には著しいハードワークを伴うことが明らかです。演奏ぶりを見ていてもそう思います。ベートーヴェンは、ティンパニーの用い方が抜群に効果的と素人ながらに思います。のちに知ったことですが、ベートーヴェンは、ティンパニーが大のお気に入りだったそうです。それを知ったときは、「なるほどね」と膝を叩きました。

○偶数番号の交響曲の類似性：優しさ、穏やかさ

ベートーヴェンの交響曲は、偶数番号の交響曲は、〝優しく、穏やかな〟イメージと捉えられており、奇数番号のそれは、〝過激で尖っている（先進的で革新的である）〟印象を受けるということを時々耳にします。それは、奇偶ならぬ奇遇・偶然でもあり、必然でもあります。以下に、その理由を私の個人的意見として述べます。この部分は飛ばして読んでいただいても構いません。

偶数の偶は、広辞苑によると、「ならぶこと、ついになること」とあり、奇数の奇を調べると「普通と異なること、めずらしいこと」とあります。日本語では、奇のイメージは分かりやすいですが、偶のイメージはいまひとつ伝わりにくいですね。一方、英語では、奇数は、odd number、偶数は、even numberです。このoddは、武器や陸地の先端、もしくは、三角形の頂点を原義としており、「奇妙な、変わった、突飛である」という意味です。また、evenは、水平なることを原義としており、「平らな、水平な、凹凸のない」という意味があります。英語の方が、両者の違いが明確のような気がします。これらの偶数・奇数の数字の持つ意味をベートーヴェンが意識して作曲していたかどうかは不詳ですが、偶然にも奇数番号の交響曲のイメージと偶数番号のそれとは一致しています。

一方、前述の奇数・偶数番号の交響曲のそれぞれにおいて共通するイメージが生じるのは、必然であったという推測をご紹介します。ベートーヴェンの作曲手法は、一つの曲を作曲し終えたら次の曲に移るという〝シリーズ〟作曲法ではなく、一度に数曲を同時並行的に作曲していく〝パラレル〟作曲手法を採用しているからだと思われます。ベートーヴェンがハイリゲンシュタットの遺書（１８０２年10月６日付）を書く前の１８０１年６月29日に親友・ヴェーゲラーにあてた手紙にこのような記述があります。「（前半で難聴の苦しみを述べたあとで）私は完全に音符の中で暮らしています。そして、１曲を書き上げるか書き上げないかのうちに、もう別の作品に着手しているといった調子です。現在の作曲の速さだと、しばしば一度に３つから４つの作品を書いていています」。耳の不具合にもかかわらず、作曲意欲は旺盛なことを訴えています。この中で、「一度に３つから４つの作品を書いている」と記述していることから、ベートーヴェンは、先述の〝パラレル〟作曲法を用いていることがうかがえます。すなわち、交響曲とバイオリン・ソナタやピアノ・ソナタなどを同時に作曲していたのです。さらに、交響曲については、2つの作品を同時に作曲していたと考えます。例えば、交響曲5番「運命」と同6番「田園」の初演は、同じ日ですし、7番と8番についても公開初演日は3カ月ほどずれていますが、ルドルフ大公邸で行った非公開初演では、両者を同時に演奏しているのです。これらの事実から、ベートーヴェンは交響曲を2つずつ他のジャンルの曲と並行して作曲していたと考えられます。

そして、奇数番号（5番、7番）は、先進的・革新的な曲とし、偶数番号（6番、8番）は、優しく穏やかな曲としたのです。同じタイプの交響曲を2曲並行して作曲する場合、意欲が持続しにくく、バランスが偏るおそれがあります。一方、異なるタイプと組み合わせて作曲する場合は、バランスがよく、気分転換もできて仕事がはかどったのではないでしょうか。

例えば、5番「運命」、6番「田園」の場合を例に取ると、ベートーヴェンは、まず「運命」（尖った曲）に集中して取り掛かり、それから「田園」（穏やかな曲）を並行して作曲していたと推察します。同様に、7番と8番についても、まず7番に取り掛かり、その後

8番を並行して作曲していたと考えます。これはあくまで推察の域を出ませんが、おそらく3番「英雄」と4番についても同様のことがいえると考えます。これらのことから、ベートーヴェンの交響曲の偶数番号と奇数番号の曲想的傾向がそれぞれにおいて結果的に似ることになったのではないかと考えます。

すなわち、交響曲の偶数・奇数番号のイメージは、ベートーヴェンの作曲手法（パラレル作曲手法）ゆえに必然的に醸成されたと解釈しています。なお、ベートーヴェンは、先進性・革新性を追求した作曲家ですから、奇数番号の作品に若干の力点を置いていたものと推察します。

不滅の恋人アントーニア・ブレンターノ

【交響曲第９番　ニ短調　作品１２５　（合唱付）】

初演：１８２４年5月7日
場所：ウィーン・ケルントナートーア劇場
指揮：ミヒャエル・ウムラウフ、総指揮：ベートーヴェン（53歳）
献呈者：プロイセン国王フリードリヒ・ヴィルヘルム３世

○概要

ベートーヴェン自身は表題をつけませんでしたが、副題として「合唱」や「合唱付」が付記されることが多く、日本では親しみを込めて「第九」とも呼ばれています。その演奏会は年末の風物詩となっています。第４楽章は独唱及び合唱を伴って演奏され、歌詞にはフリードリッヒ・フォン・シラーの「歓喜に寄す」が用いられています。第４楽章の主題は、「歓喜の歌」として親しまれています。

○積年の想いを込めた集大成：交響曲に歌を！

１７９２年10月に21歳のベートーヴェンは、シラーの「歓喜に寄す」という詩に感銘を受けました。この詩は、１７８５年にシラー26歳のときにドレスデンで書かれました。ベートーヴェンは、友人に「この詩に曲をつけたい」と話しました。「第九」の初演は、

１８２４年5月ですから、この詩に曲をつけたいと思い立ってから実に32年の歳月が流れました。彼の長年の思いを込めて作曲したのがこの「第九」だったのです。なお、シラーの原作は、かなり長編ですのでベートーヴェンは、「第九」のメロディーに歌詞を合わせるためアレンジを加えました。「第九」の歌詞は、シラー原作・ベートーヴェン編集といえます。

交響曲に合唱を導入した作曲家は、ベートーヴェン以前にもおりました。１８０６年にゲオルク・ヨーゼフ・フォーグラーが、また、１８１３年にペーター・フォン・ヴィンターが歌つきの交響曲を作曲しています。しかし、それらは、いずれも貴族らスポンサーの要求に応えたものでした。自らが積極的に、かつ、想いを込めて、しかも、壮大なスケールの合唱曲を作曲したのは、ベートーヴェンが初めてといえます。後述しますが、歌詞の内容や曲想も含めて、この「第九」はきわめて先進的、かつ、革新的です。

余談ですが、シラーとベートーヴェンは、共に病気に苦しみ、支配的な父親から圧力を受けて困難な人生を歩んだという共通点があるそうです。

○歌詞に込めたベートーヴェンの想い：深き人類愛、２００年前に「生物多様性」

「第九」の歌詞をｐ１３７～ｐ１４０に示します。ベートーヴェンは、フランス革命思想の「自由・平等・博愛」に強く共感していました。その思想が色濃くこの歌詞の中に込められていると考えます。

まず、〝自由〟についてですが、冒頭の「おお友よ、このような旋律ではない」の部分では、第1楽章から第3楽章までの旋律（音楽）を否定していると専門家は解説します。これが正しい解釈と思われます。一方、このTöne（旋律）を超意訳すれば〝時代〟と解釈でき、私には、ベートーヴェンは、「もっと（抑圧されない）自由な時代を」と叫んでいるような気がします。世の中は、貴族階級が存在し身分制度や人種差別、難病や生活に苦しんでいる人々などに分断されており、また、当時、庶民感情はナポレオン戦争で疲弊しきっていました。そのような息苦しく重苦しい社会ではなく、分け隔てのない自由な社会を作りたい、さらに、難聴の自分も音楽などを楽しめるようなもっと自由な身でありたい、あるべきである、と希望を込めて訴えているのではないかとも考えています（超個人的な意見です）。歌詞の冒頭の3行は、ベートーヴェン自身がシラーの詩に付け加えた部分ですので、ベートーヴェンの強い自由への想いが込められているものと推察します。余談ですが、この〝O Freunde〟の箇所では、それまで座って待機していた独唱者のバリトン歌手が、すっと立ち上がり、独唱を始めます。このときの緊張感は筆舌に尽くしがたいそうです。なんとなく分かるような気がします。バリトン歌手の大橋國一さんは、そのときが近づいてくると、「地震でも起きて、この『第九』がここで中止になってくれないか」といつも思ったそうです。どのような歌手でも、多くの経験を積んだ歌手でも緊張しながらも必死に歌うのです。そこで躓くとそれまで1時間近くかけて演奏してきた苦労がすべて一瞬のうちに崩壊し、その後の独唱者や合唱団の人々にも多大な悪影響を与えることになりますので、それはそれは緊張することでしょう。

次に〝平等〟についてですが、14行目のAlle Guten, alle Bösen Folgen ihrer Rosenspur,(すべての善人もすべての悪人も自然がつけた薔薇の路をたどる)の部分にベートーヴェンの〝平等〟への意識が表れていると考えます。「善人、悪人の区別なく、太陽は、すべての人々に光と暖かさを与えてくれる。すべての生物は自然からの恵みをいただく権利がある。大自然は、すべての人々に実りを与える」という意味に解釈できます。ここでは、〝すべての人々〟がキーワードで、ベートーヴェンはすべての人々が平等であると訴え、かつ、そのような社会を希求していたものと推察されます。7行目の「時流が強く切り離したものを」の箇所は、たまたま時代により、社会により分断されることはあっても、基本的に人々は、平等で自由であるべきであるという思想に基づく歌詞と考えます。

最後の〝博愛〟ですが、広辞苑には「ひろく愛すること。平等に愛すること」とあります。この愛することの目的語は、〝人類〟ですので、普遍的な人類愛を謳っていると捉えられます。その象徴が、かの有名な8行目のAlle Menschen werden Brüder, Wo dein sanfter Flügel weilt（すべての人々は兄弟となる、あなたのやさしい翼が存在しているところで）のフレーズです。ベートーヴェンは、先述しましたように、善人も悪人も、身分の高い人も庶民も、そして、豊かな人も貧しい人も、病気や生活に苦しんでいる人も、皆〝兄弟〟であることを強調しています。楽譜では、その〝兄弟（Brüder）〟の箇所にスフォルツァンド（sf：特に強く）という記号を付していることからもベートーヴェンの強い意思が感じられます。換言すれば、ベートーヴェンは、いかに人類愛を重視しているかがうかがえます。

　また、18行目のLaufet, Brüder eure Bahn, Freudig, wie ein Held zum Siegen.（兄弟よ、自らの道を進め。英雄が勝利を目指すように喜ばしく）のフレーズもベートーヴェンの意思や人類に対する愛情を感じる部分です。「自分の道を全力で進みなさい。自分の人生を全力で生きてください」とすべての人々の背中を押して励ましているかのようです。ベートーヴェン自身は、生涯にわたって難聴や病魔に苦しんだにもかかわらず、人々に本当の喜びや幸せを得る方法を教示しているようです。「第九」は、ベートーヴェンの人類に対する応援歌ともいえるでしょう。

　一方、最後から3行目のBrüder! Über’m Sternenzelt muß ein lieber Vater wohnen

（兄弟よ、この星空の上に聖なる父が住みたもうはず）のフレーズにおいて、「神」という言葉を使わずに「父」という言葉を用いています。これは、キリスト教やイスラム教、仏教などにおける教祖的な神をあえて避けて、普遍的な意味を込めて「父」という言葉を採用したものと考えます。なぜなら、この「第九」では、全人類に対して宗教や思想、そして人種などを超越して兄弟になることを訴えていますので、あえて「父」という言葉を用いたものと推察します。このフレーズにベートーヴェンの人類愛を感じるのは、私だけではないでしょう。

さらに、最後の行ですが、Such’ihn über’m Sternenzelt! Über Sternen muß er wohnen.（星空の上に聖なる彼を求めよ！　彼は必ず星の上に住んでいる）とあります。ここでいうところの「彼」は、その前の行にある「創造主」ですが、その創造主は星空の上に住んでいるといいます。地球をはるかに越えた星の彼方、すなわち宇宙に住んでいるとしています。現代は、グローバル化とか地球規模とかいう言葉がさかんに叫ばれていますが、ベートーヴェンは、今から２００年も前に地球を越えた宇宙的な規模で人類愛を希求していました。

今を基準に考えても先進的な思想であるといえますが、当時としては、まさしく超先進的な精神・発想であったといえるでしょう。

これらの一連の詩に対して、シラーは次のようにコメントしています。

「一つの花を、虫を、高貴な精神を、すべての存在を、われわれの胸に抱きしめたくなる諸瞬間――全自然の抱擁――が生の中にはある。……この多様性の持つ壮大な統一性を発見するために、自然の大きなものからも、同様に小さなものからも、あらゆる美、偉大さ、完全さを摘みあつめることにひたすらつとめてきた人間は、すでにそれだけ【聖なるもの】にきわめて接近しているのである」

〝ひとつの花、虫、自然の大きなもの、小さなものなど、多様性の持つ壮大な統一性〟という自然に対する概念は、現代社会で声高に叫ばれている「生物多様性」の概念に合致するものです。今から２００年も前にこれらを唱えたシラー、それに共鳴したベートーヴェンが「第九」で声高らかにそれらを歌い上げたのです。その先進性に、ただただ敬服するばかりです。

O Freunde, nicht diese Töne!
（おお友よ、このような旋律ではない）
Sondern laßt uns angenehmere anstimmen
（もっと心地よいものを歌おうではないか）

und freudenvollere.
(もっと喜びに満ち溢れるものを)
Freude, schöner Götterfunken,
(歓喜よ、神々の麗しき霊感よ)
Tochter aus Elysium
(天上楽園の乙女よ)
Wir betreten feuertrunken.Himmlische, dein Heiligtum!
(我々は、火のように酔いしれて、崇高なる者（歓喜）よ、汝の聖所に入る)
Deine Zauber binden wieder, was die Mode streng geteilt;
(汝が魔力は、再び結び合わせる、時流が強く切り離したものを)
Alle Menschen werden Brüder, wo dein sanfter Flügel weilt.
(すべての人々は兄弟となる、あなたのやさしい翼が存在しているところで)
Wem der große Wurf gelungen, eines Freundes Freund zu sein,
(一人の友の友となるという大きな成功を勝ち取った者)
Wer ein holdes Weib errungen, mische seinen Jubel ein!
(心優しき妻を得た者は自身の歓喜の声を合わせよ)

Ja, wer auch nur eine Seele sein nennt auf dem Erdenrund!
(そうだ、地球上にただ一人だけでも心を分かち合う魂があると言える者も歓呼せよ)
und wer’s nie gekonnt, der stehle weinend sich aus diesem Bund!
(そして、それが一度もできなかった者は、この輪から泣く泣く立ち去るがよい)
Freude trinken alle Wesen an den Brüsten der Natur;
(すべての存在は、自然の乳房から歓喜を飲み、)
Alle Guten, alle Bösen Folgen ihrer Rosenspur,
(すべての善人もすべての悪人も自然がつけた薔薇の路をたどる)
Küsse gab sie uns und Reben, Einen Freund geprüft im Tod;
(自然は、口づけと葡萄の木と死の試練を受けた友を与えてくれた)
Wollust ward dem Wurm gegeben, und der Cherub steht vor Gott,
(快楽は虫けらのような者にも与えられ智天使ケルビムは、神の前に立つ)
Froh, wie seine Sonnen fliegen durch des Himmels prächt’gen Plan,
(天の壮麗な配置の中を、星星が駆け巡るように楽しげに)
Laufet, Brüder, eure Bahn, Freudig, wie ein Held zum Siegen,
(兄弟よ、自らの道を進め。英雄が勝利を目指すように喜ばしく)

Seid umschlungen, Millionen! Diesen Kuss der ganzen Welt!

（抱き合おう諸人よ！この口づけを全世界に！）

Brüder! Über'm Sternenzelt Muß ein lieber Vater wohnen.

（兄弟よ、この星空の上に聖なる父が住みたもうはず）

Ihr stürzt nieder, Millionen? Ahnest du den Schöpfer, Welt?

（ひざまずくか、諸人よ？創造主を感じるか、世界中の人々よ！）

Such, ihn über'm Sternenzelt! Über Sternen muß er wohnen.

（星空の上に聖なる彼を求めよ！　彼は必ず星の上に住んでいる）

○世界で最も愛されている曲：歌いやすい、覚えやすい、演奏しやすい

「第九」は、世界で最も愛され、親しみを持たれている楽曲の一つです。それは、この曲が、自由・平等・博愛（人類愛）の象徴であるからです。

１９８９年11月９日に東西ドイツの分離の象徴であったベルリンの壁が崩壊しました。その直後の12月25日にその祝賀コンサートとして、レナード・バーンスタイン指揮、バイエルン放送交響楽団をメインとした６つの楽団のメンバーによって特別に編成されたオーケストラにより「第九」が演奏されました。東西ドイツの合唱団と英米のソリストが加わった壮大なコンサートでした。このときバーンスタインは、第4楽章の歌詞のFreude（歓喜）をFreiheit（自由）に変えて歌わせることにしました。ベルリンの壁の崩壊を祝うコンサートには、まさに「自由・平等・博愛（人類愛）」を歌い上げる「第九」が最適であったのでしょう。

また、欧州共同体（ＥＵ）の国歌は、「第九」の歓喜の歌です。やや過去に時間を巻き戻しますと、１９６４年の東京オリンピックにおいては、東西ドイツ統一チームの国歌演奏時には「第九」が流れました。これらのことからも、「第九」は世界で最も親しまれ、愛されている曲といえます。

それでは、なぜこれほどまでにこの曲が親しまれ愛されているかについて、ここで音楽の要素的分析を加えたいと思います。

それは、メロディーが簡素で美しく、かつ、歌いやすいことです。日本語の歌詞では「晴れたる青空、漂う雲よ～」と歌うところは、ミ・ミ・ファ・ソ・ソ・ファ・ミ・レ、ド・ド・レ・ミ・ミー・レ・レと1音階ずつの上下による簡素なメロディーとなっています。交響曲第5番の第4楽章冒頭のファンファーレでも、1音階ずつの変化でありながら、雄雄しく逞しく、感動を覚えるメロディーであることをご紹介しましたが、この「歓喜の歌」でも、それがあてはまります。1音ずつの変化ですから、誰にでも歌いやすく、覚えやすいです。全曲を通してドからソまでの音階に収められていますから、音域的にも著しく狭いので、これも歌いやすい理由の一つです。ピアノで演奏するにあたっても、ドからソまでの音階ですから、右手のみで容易に演奏できることも歌い続けられる理由の一つです。歌いやすく・覚えやすく・演奏しやすいという3要素が「歓喜の歌」が広く愛される理由と考えます。もちろん、歌って楽しく、勇気と希望につながるという要素も見逃せませんが。

一方、これだけ有名で素晴らしい曲だけに、意外な場面で演奏されたこともありました。あまり知られていない事実ですが、１９４３年に学徒出陣に際して東京音楽学校（現東京藝術大学）により「第九」が演奏されました。出陣前にもう一度「第九」を聴いておきたいという学生たちの要望により実現されたそうです。明日も分からぬ不安な状況下でそれを聴いていた学生たちの気持ちを察するに胸が痛みます。学生（神風特攻隊）らは、演奏後に酒を酌み交わし、「天皇陛下万歳」と叫んで帰り道のない空を目指したそうです。終戦後の１９４７年12月30日には、今度は、生きて帰れなかった人々のために再び「第九」が鎮魂の意味を込めて演奏されたそうです。アドルフ・ヒトラーに「第九」が悪用された事実があったそうですが、ここでは紙幅の都合で割愛させていただきます。

○第3楽章の美しき天上の音楽：崇高、静謐、創造主の世界

「第九」というと、とかく第4楽章の合唱に光があてられますが、私は第3楽章のアダージョ（緩徐楽章）もとても好きです。クラリネットやフルート、オーボエなどの木管楽器の導入のあと、第1バイオリンが、第1主題を奏でます。このメロディーが言葉では表現できないほど美しく、静謐であり、崇高さを感じさせるまさに天上の音楽のようです。まるで次の第4楽章に歌われる「星空の上にまします聖なる父（創造主）のおられる世界」、すなわちベートーヴェンの心のより所を表現しているようで、何ともいえず聴くたびに感動を覚えます。また、第2主題もとにかく美しく、心が穏やかな気持ちになります。その後、トランペットなどがファンファーレ的に一時的に盛り上がります。この緩徐楽章での一時的盛り上がりのパターンは、ベートーヴェンがたびたび用いる例で、交響曲第3番「英雄」の第2楽章（葬送行進曲）にもそれが認められます。

一時的盛り上がりののちは、再び静謐な天上の音楽が奏でられて第3楽章を終えます。次の第4楽章のティンパニーを含む冒頭の激しい演奏に対する嵐の前の静けさ・気高さとも捉えることができます。

○拍手喝采に気付かなかったベートーヴェン：ウンガーの機転

「第九」の初演は、１８２４年5月です。ベートーヴェン53歳のときにウィーンのケルントナートーア劇場で行われました。そのころベートーヴェンは、耳が全く聞こえませんでしたので、指揮は困難でした。そこで、ミヒャエル・ウムラウフが正指揮者となり、ベートーヴェンは総指揮者という立場で初演に臨みました。リハーサル回数がわずか2回であったこと、男性ソロが直前に交代したため男性ソロパートに不安を抱えていたこと、弦楽器を含め楽団員全員がそろったのは、初演前日であったことなど、ベートーヴェンには不安満載の初演でした。

　そのような状況にもかかわらず初演は大成功を収めました。しかし、ベートーヴェンは、聴衆の熱狂的な歓声や拍手に全く気付きませんでした。それを見て機転をきかせたアルト独唱者のカロリーネ・ウンガーは、ベートーヴェンの腕を取り、彼を聴衆の方に向かせました。聴衆は、彼が聞こえていないことを知り、ハンカチを振って喝采の意を表しました。そのとき初めてベートーヴェンは、初演の成功を感じ取り、聴衆の歓声や拍手に対して、恥ずかしげに頭をぺこりと下げたと伝えられています。観衆は熱狂し、アンコールを要求し、第2楽章を二度演奏しました。三度目のアンコール要求がなされましたが、主催者側に止められたほどの熱狂ぶりでした。テアター・ツァイト紙では、「大衆は、音楽の英雄を最高の敬意と同情をもって受け取り、彼の素晴らしく巨大な作品に最も熱心に耳を傾け、歓喜に満ちた拍手を送り、しばしばセクションの間、そのセクションの最後には何度も繰り返した」と論評されました。聴衆の熱狂ぶりとベートーヴェンへの尊敬の念が伝わってくる批評家の声です。

○日本の初演：鳴門市俘虜収容所

前項でウィーンでの初演の状況をご紹介しましたが、ここでは日本における初演をご紹介します。

１９１８年6月1日に徳島県鳴門市の板東俘虜収容所においてドイツ人捕虜たちによって「第九」が初めて演奏されました。収容中のヘルマン・ハンセンが指揮者となり、パウル・エンゲル率いる40人のオーケストラと合唱団によりその全曲が初披露されました。第一次大戦中に中国・青島（チンタオ）において、約５０００人のドイツ軍は、約3万人の日本人軍に敗れ、およそ４７００人のドイツ人捕虜が日本に送られました。そのうちの約１０００人が板東俘虜収容所に送り込まれました。松江豊寿収容所長は、ドイツ人に寛容であり、彼らを人間として丁寧に扱いました。収容者は、外出が自由であり、海水浴も可能で、サッカーチームを組織し、また、新聞制作なども行っていました。収容所内には、商店街やボウリング場などがあり、仕立て業、金属加工、楽器修理などのプロの職人が店を開いていました。楽器が手に入りにくい状況でしたので、楽器修理職人などが楽器（バイオリンやコントラバス等）を手作りしてコンサートにこぎつけました。松江所長の配慮により、ドイツ人は日本に馴染み、日本人との交流も盛んだったようです。日本人は、収容者を「ドイツさん」と呼んでいました。１９７２年に鳴門市は収容所近くに「鳴門市ドイツ館」を建設し、収容所で過ごしたドイツ兵の生活や日本人との交流の様子を展示しました。初演にちなんで毎年６月の第１日曜日を「第九の日」として今も「第九」を演奏しています。さらに、１９７４年には、多くの捕虜の出身地であるリューネブルク市との間に姉妹都市契約を結びました。「鳴門市ドイツ館」に〝第九ホットドッグ〟という名物があり、ドイツ国旗にちなんで黄（マスタード）・赤（ケチャップ）・黒（ピクルス）でデコレートされたホットドッグが販売されているそうです。

○コントラバスに主要メロディーを付与：コントラバスが主役の座に

「第九」第４楽章において、バリトンのソロのあと、いよいよ「歓喜の歌」のパートに入ります。そのパートへの誘導の方法が独特です。まず、最低音弦楽器のコントラバスが、ミミファソ、ソファミレ、ドドレミミーレレ、の主題のメロディーを奏でます。その後、チェロにそのメロディーが移り、ビオラに受け渡され、徐々により高音の弦楽器が主題を奏でていきます。そして、最後に、第1バイオリンが、ミミファソ、……と奏でて、オーケストラ全体で「歓喜の歌」のメロディーをボリュームいっぱいに奏でます。そして、ソロ歌手や合唱団が一体となって壮大に歌い上げ、フィナーレを迎えます。これが、第4楽章の曲の流れです。

ベートーヴェンは、この楽章でも先進性・革新性を発揮します。コントラバスにメロディーを付与したことです。それまでは、コントラバスといえば、いわば伴奏的なパートを受け持ち、オーケストラの脇役的存在でしたが、第4楽章のこのパートでは、コントラバスがメロディーを奏でて主役を演じるのです。N交響楽団の「第九」演奏会の様子をテレビで見ていると、このパートにおいてはカメラがコントラバスに寄って、演奏者をアップにします。コントラバスがアップで写される場面は少ないのですが、この場面では主役です。コントラバス奏者に力が入る場面です。このようにベートーヴェンは、脇役だった楽器にも主役を与える工夫をしているのです。同じ試みがバイオリン・ソナタ第5番「春」や同第9番「クロイツェル」においても試されています。すなわち、それまでは、バイオリンがピアノと共演するときは、バイオリンはあくまでも脇役で、ピアノの伴奏的役割に過ぎなかったのですが、これらの曲においては、バイオリンは、ピアノと対等な立場で主役を演じています。先述のコントラバスにせよ、このバイオリンにせよ脇役に甘んじさせることなく主役の座を与えているのです。ベートーヴェンの理念である〝平等〟の精神がここでも発揮されているといえそうです。

○鳴り物総動員：新たにトライアングル、チネッリ、大太鼓投入

交響曲第5番「運命」の第4楽章において、新たな楽器としてピッコロ、コントラファゴット、トロンボーンを交響曲として初めて投入したことを述べました。「第九」の第4楽章では、合唱を導入したうえに、さらに、新たにトライアングル、チネッリ（シンバルの片方をトライアングルの撥《ばち》で叩く楽器）、大太鼓までも投入しました。第4楽章の終盤ですからまさに「第九」の最終盤において、それらの楽器が投入されました。合唱とオーケストラが一体となって最終盤を盛り上げていますが、その場面でトライアングルとチネッリ、さらに大太鼓まで登場するのですから、まさに鳴り物総動員で曲を盛り上げています。それまで約1時間にわたり出番を待っていた奏者が、ここぞとばかりに活躍する場面です。オーケストラと合唱とそれら3種類の楽器が一体となって奏でるフィナーレは圧巻であり、まさに筆舌に尽くしがたい感動というのは、このことをいうのでしょう。なお、「運命」でも「第九」でもそれぞれ第4楽章の終盤に新楽器を投入する手法は、演劇や映

画などで見られるような最後の場面をより一段と盛り上げる劇的な効果を狙ったものとひとりよがりに推察します。

○ワーグナーのアイデアと功績：アイデアにビックリ、効果抜群！

当時は、「第九」をフルオーケストラで演奏することはきわめて困難で、正しく演奏できる交響楽団がなかったと伝えられています。当時、「第九」を音にできる指揮者はメンデルスゾーン以外には、存在しなかったそうです。そのメンデルスゾーンも１８４７年11月に38歳の若さにして生涯を終えてしまいました。そこで、メンデルスゾーン亡きあとにこの名曲は埋もれかけてしまいました。しかし、ベートーヴェンを尊敬するリヒャルト・ワーグナーが１８４６年に「第九」を指揮して大成功を収めたことにより、欧州でこの交響曲が盛んに演奏されるようになりました。ワーグナーは、この交響曲が長大で分かりにくいこともあるためある工夫を凝らしました。先述の１８４６年のコンサートのパンフレットに各楽章のイメージのストーリーを掲載したのです。それは以下の通りですが、そのおかげかどうか不詳ですが、演奏会は大成功を収めました。

【ストーリーの内容】

第1楽章：幸せを求める人々とそれを妨げようとする暴力との戦い。
第2楽章：新しい世界で絶望に追い込まれながら幸せを求めて絶え間なく努力する人々。
第3楽章：傷ついた人々の苦しみを和らげ、天国のように穏やかに包み込む。
第4楽章：人々は幸せになろうと歓喜の声を上げる。地球上が歓喜に満ちる。

いかがでしょうか。なんとなくそのような気がしてくるから不思議です。特に第3楽章のストーリー付けは秀逸です。このような解説があれば、長くて難解な交響曲も飽きることなく楽しく聴けたことでしょう。少なくとも、各楽章が終わったときにパンフレットを見て、「次の楽章はこういうことか」と思い描きながら聴けば、また一段と趣も増したことでしょう。パンフレットにストーリーを綴るというのは、当時の状況から判断してとてもよいアイデアでした。

現在まで「第九」が演奏され続けたのは、ワーグナーの貢献が大きいと思われます。もし、演奏者が途絶えて「第九」がそのまま葬り去られてしまっていたら、まさに人類の悲劇となるところでした。2001年に国際連合教育科学文化機関（ユネスコ）により、「第九」の自筆楽譜は、記憶にとどめておきたい歴史的文書として〝世界記録遺産〟に登録されました。

余談ですが、ワーグナーは、19歳のときに「第九」を聴いて作曲家を志したそうです。

また、世界を代表するウィーン・フィルハーモニー管弦楽団は、１８４２年3月に誕生しました。ベートーヴェンの没後15年ごろのことです。ウィーン楽友協会大ホール（毎年元日の『ニューイヤーコンサート』の会場）を本拠地としています。このウィーン・フィルハーモニー管弦楽団の設立目的の一つが、「第九」を正確に美しく演奏することだったそうです。「第九」が世界の有名な管弦楽団の設立に寄与したことは、ベートーヴェンにとっても感慨深いことでしょう。

○「第九」のジンクス：まだ死にとうない！

ベートーヴェンが、「第九」を書き上げたあと、交響曲第10番を作曲中に没したことから、当時は、「交響曲第９番を作曲すると死ぬ」というジンクスがありました。グスタフ・マーラーは、交響曲８番を作曲したあと９番目の交響曲には交響曲第９番という名称を避けて「大地の歌」と命名しました。マーラーはその後に交響曲10番を作曲しましたが、交響曲第10番は未完に終わりました。フランツ・シューベルトの交響曲のナンバリングには諸説ありますが、交響曲第９番「グレイト」が最後の交響曲です。アントニン・ドボルザークは、交響曲第９番「新世界より」が最後で、第10番は未完でした。アントン・ブルックナーは、９番の第４楽章を作曲中に死亡しました。このように交響曲第９番の壁が実際に真実かどうかは判断がつきかねますが、当時はそれが意識されていたことはマーラーの例で見るように事実でありました。もっとも、ドミートリイ・ショスタコーヴィチは、交響曲第15番までを書き上げましたし、ハヴァーガル・ブライアンは、交響曲第32番まで作曲していますので例外も少なからずあります。

【追記】

余談になりますが、日本のスポーツ界にも「９（番）の壁」があります。ＯＮ（王貞治１塁手・長嶋茂雄３塁手）時代の無敵といわれた読売ジャイアンツは、１９６５年（昭和40年）から１９７３年（昭和48年）まで川上哲治監督のもと、日本シリーズ９連覇を果たしましたが、10連覇は達成できませんでした。また、大学ラグビー界において選手育成に独特の手法を考案して無敵の大学ラグビーチームを誇った帝京大学においても、２００９年（平成21年）から２０１７年（平成29年）まで全国大学ラグビーフットボール選手権大会（大学ラグビー選手権）において９連覇しましたが、10連覇はなしえませんでした。選手が毎年入れ替わり、4年で全取替えされる大学チームで9連覇を成し遂げることは並大抵のことではありません。帝京大学ラグビー部の岩出雅之監督の手腕は高く評価されています。無敵のチームが9連覇達成後に10連覇を成し遂げられなかったことから、やはり9（番）の壁があったのではないでしょうか。もっとも9連覇すること自体が至難の業であり、それだけで素晴らしい業績であることは異論の余地はありません。今後、これらの記録が破られる可能性は、きわめて低いと思われます。

○いまだ創作意欲衰えず：第10交響曲構想

「私は、もっと多くの作品を書きたい。まず、第10交響曲とレクイエムを作曲したいものだ。それから『ファウスト』の音楽と、ピアノ練習曲だ。練習曲はほかの人が書いたものとは、全く違ったものになるはずだ。今は、これ以上書けない」1825年10月15日以降にベートーヴェンが、ゲハルト・フォン・ブロイニングに話した内容です（『シュヴァルツシュパニエル・ハウスより』から）。第10交響曲の構想は固まっていたようで、これまでの楽曲に比べて長大であるとベートーヴェンは語っています。

また、親友フランツ・ヴェーゲラーにあてた1826年12月7日付（死の約4ヶ月前）の手紙において、「……とにかく、私のモットーは、常に『一行も書かざる日なし』です。

そして、もし、私が私のミューズを眠らせているならば、それはただミューズが目覚めたときに、一層の活躍をさせるためなのです。私は今もまだ、大作をものにしたいと思っています。その後に、私は老いたる子どものように親切な人々に囲まれながら、どこかで、この世を終わりたいと思っています。……」と綴っています。
「『常に1行も書かざる日なし』が私のモットーです」と伝えていることから、彼が毎日毎日に着実に仕事を積み上げていくまじめな努力家であったことがうかがえます。また、「その後に、私は老いたる子供のように親切な人々に囲まれながら、どこかで、この世を終わりたいと思っています」という文言からは、ベートーヴェンの死を覚悟した切ない思いが胸に伝わってきます。

　さらに、１８２６年12月中旬以降に、ベートーヴェンはゲオルク・フリードリヒ・ヘンデルの作品集40巻の進呈を受けました。そのときは、我を忘れての喜びようであったとゲハルト・フォン・ブロイニングは伝えています。また、ベートーヴェンは、ゲハルトに次のように伝えており、ヘンデルへの賞賛と死の３か月前においても自らの音楽を高めようとする姿勢を伝えています。「自分は久しくこれ（前述ヘンデル作品集）がほしかったのだよ。ヘンデルは古今を通じてとりわけ偉大な最高の力量がある作曲家だからね。自分はまだまだこの人から教えを受けたい」と。

ゲーテ（左）とシラー（右）の立像（ワイマール）

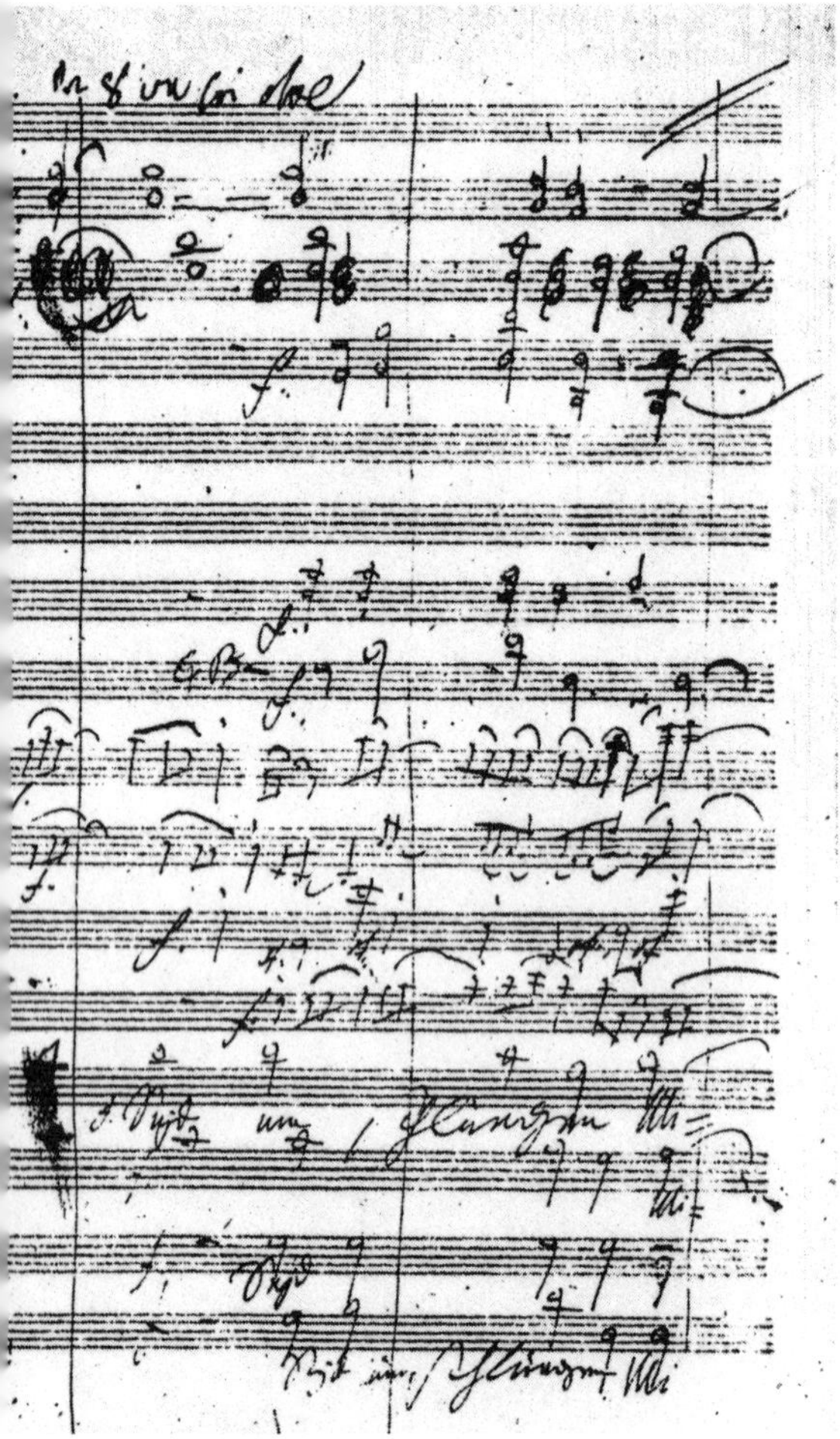

「第九」第４楽章楽譜

コラム4

ミサ・ソレムニス　ニ長調　作品123：壮大かつ荘厳な隠れた名曲

　1823年（「第九」初演の前年）に完成された晩年の大曲です。演奏機会は比較的少ないのですが、隠れた名曲であり、「ベートーヴェンの最高傑作」と称える人もいます。ベートーヴェンは、平和を希求する目的をもこの曲に込め、従来の教会のためのミサ曲という概念を超越したミサ曲ともいわれています。2005年には、第二次世界大戦で破壊されたドレスデンの聖母教会の再建を祝すとともに平和の象徴としての意味も込めてこの曲が演奏されました。

「キリエ」「グローリア」「クレド」「サンクトゥス」「アニュス・デイ」の5曲で構成されています。すべての曲において、ソプラノ、アルト、テノール、バスの独唱者と合唱とオーケストラが一体となって進行します。「第九」の第4楽章のイメージです。5曲すべてを聴くと1時間20分程度を要する超大曲ですが、まず1曲目の「キリエ」

を聞いてみてはいかがでしょうか。ソプラノ歌手の透明感のある美しい歌声と魅力的なメロディーが感動的です。もちろんオーケストラと合唱も荘厳なイメージを醸し出しています。「第九」の第3楽章を想起させる崇高な祈りを込めた天上の音楽です。ベートーヴェンが気持ちを込めた名曲です。是非お聴きください。

　余談ですが、私が学生のときにヘルベルト・フォン・カラヤン指揮、ベルリンフィルハーモニー管弦楽団による「ミサ・ソレムニス」をよく聞いていました。ソプラノ歌手は、１９３７年ドイツ・ベルリン生まれのグンドゥラ・ヤノヴィッツさんでした。ヤノヴィッツさんの透きとおった伸びのある美しい歌声に驚嘆したことが第一印象でした。「キリエ」では、「キーリエ、エーラーイーーゾ～ン」で始まるソプラノパートでのヤノヴィッツさんの美しい歌声に強くひきつけられてしまいました。フォルテの部分では、張りと伸びのある声で堂々と歌い上げ、ピアニッシモの部分においては、感情を絞り出すように静かに語りかけるような歌声におおいに感動したことを記憶しています。ヤノヴィッツさんの歌声は、まさに天上の音楽における天使の歌声のように感じられました。

Beethoven
DIESES DEM URSPRÜNGLICHEN GRABMALE BEETHOVENS
AUF DEM WÄHRINGER-ORTSFRIEDHOFE GETREU NACHGEBILDETE DENKMAL
BEITRÄGEN
DES K.K. STADTERWEITERUNGSFONDES
GEMEINDE WIEN
UND DES
ONIKER
VON DER
FREUNDE IN WIEN

ベートーヴェンの墓

第4章

ベートーヴェンの人間性とエピソード

〔1〕ベートーヴェンの矜持と反骨精神

【貴族に対する矜持：ベートーヴェンは、ただ一人、〝かつら〟さようなら】

ハイドンやモーツアルトなどベートーヴェンより前世代の作曲家は、貴族・王侯に出入りするお抱え作曲家でした。換言すれば、彼らの音楽的娯楽・趣味を満たすための楽曲を作曲していました。つまり、雇い主である貴族・王侯の要請に従って曲作りをしていたのです。あくまで受動的な作曲であり、自らの欲求に基づく曲作りを行う自由はありませんでした。しかし、ベートーヴェンは、音楽そのものを貴族・王侯のための音楽から民衆のための音楽・芸術にすることを目指したのです。すなわち、自分の意思で作曲し、楽曲に対してパトロンから報酬を得る仕組みを作り上げたのです。つまり、作曲家としての業態・ビジネスを確立したのです。この発想は、従来にない先進的な試みであり、以後の作曲家の自立のための先導的役割を果たしました。また、貴族に対しても音楽的には対等の立場を貫いたのです。

例えば、こんな例があります。1806年の夏、ベートーヴェンは、パトロンであり友人でもあったリヒノフスキー侯爵と一緒にシレジアにある侯爵家の別荘にいました。人に強制されることが大嫌いなベートーヴェンは、リヒノフスキー侯爵の屋敷に集まったフランス士官らの要請により、彼らのためにピアノを弾くように命じられたのですが、そのことに関し、次のような手紙を侯爵に書いたのです。「侯爵、あなたは出生の偶然によって、現在の地位にいるに過ぎません。私は、私自身によって今の私を築き上げているのです。あなたのような侯爵などは、これまで何千といますが、ベートーヴェンは、ここにただ一人いるだけです」と。さらに、「貴族階級は、新しいことを何一つ理解しようとしなかったし、古いことは何一つ忘れようとしなかった」と痛烈に批判していました。まさに、〝ベートーヴェンの矜持〟ここにありです。

さらにこんな話もあります。ある日、ベートーヴェンのところにモンテキュッコリー伯爵が訪ねてきました。この伯爵は、音楽愛好家で、オーボエの名人と自称していました。この伯爵は、ベートーヴェンの都合で面会がかなわなかったために、ベートーヴェンの仕事場の窓の下の庭で女中に大きな声で話し始めました。「ベートーヴェンのあの曲のオーボエのパートが難しくて。このままでは誰にも吹けまい。ベートーヴェンはこれを修正すべきだ」と。すると、窓からベートーヴェンの声がして、「伯爵様には吹けなくても、腕のある専門家には間違いなく吹けるはずだ。私はおすすめします。伯爵、レッスンを受けて出直しなさい。私には、こんな話にかかわりあっている暇はありません」。伯爵は、ベートーヴェンを、生意気な無礼者とののしって立ち去りました。

誰に対しても分け隔てなく自分の考えを伝えるのは、ベートーヴェンの〝平等〟の精神の一環でありましょうか。

また、音楽室に掲げられている音楽家の肖像を見ますと、バッハやヘンデルやハイドン、さらには、モーツアルトにおいてもヘアースタイルは、きっちりとセットされているように見えます。場面の違う肖像画でも皆同じようなヘアースタイルをしていたので私は小学生ながら疑問に思っていました。のちに知ったのですが、これらはかつらであり、貴族の館に出入りする際の礼儀作法としてかつらをかぶっていたのだそうです。一方、ベートーヴェンの肖像画は、どれを見ても髪の毛はふさふさとした自分の毛髪であり、ヘアースタイルも描く画家により異なっていることから、ベートーヴェンにはかつらをかぶる習慣はなかった、すなわち、貴族の館には日常的に出入りしていなかったことが見てとれます。これは、ベートーヴェンが貴族・王侯から独立してフリーランサーとして活動していた証左といえます。ヘアースタイルにおいても「旧態打破」していたのです。まさに、〝かつら〟さようならです。

【ゲーテと散歩時の出来事：大ゲーテを一喝】

ベートーヴェンは、少年時代からヨハン・ヴォルフガング・フォン・ゲーテの作品に接しており、ゲーテを尊敬していました。ゲーテの知人であるベッティーナ・ブレンターノの紹介で１８１２年夏、テプリッツの温泉でベートーヴェンは憧れのゲーテと会うことになりました。ゲーテ63歳、ベートーヴェン41歳でした。ゲーテは、面会時にはワイマール公国の枢密秘書官としての職も得ていました。ベートーヴェンは、そのときにはほとんど耳が聞こえない状態でしたが、約2週間の滞在中に、両者は交流を深め、お互いに敬意を抱きました。ゲーテは、ベートーヴェンと会った直後に彼の才能に驚愕し、「あれほど独立的で精力に満ち、しかも誠実な芸術家には会ったことがない」と妻に手紙で伝えています。

この期間中にベートーヴェンの矜持をうかがわせる出来事がありました。ベッティーナは、後年、そのときの二人のエピソードを次のように伝えています。「二人が腕を組んで、一緒にシュロッス・ガルテンを散歩していたときのこと。丁度向こうから皇族や廷臣が群れをなしてこちらにやってくるのが見えた。それを見てベートーヴェンはゲーテにこう言った。『私の腕につかまってらっしゃい。あの人たちが私たちに道を譲るべきです。断じて我々の方からではありません』。するとゲーテは、ベートーヴェンから腕をはずし、帽子を脱いで道の脇に控えた。ベートーヴェンの方は、両腕をぶらつかせながらまっすぐ進み、貴族たちの真ん中を通り過ぎながらちょっと帽子の縁に手を当てただけだった。そんな彼のために貴族は道を開け、みんなが丁寧にベートーヴェンに挨拶した。その後、ベートーヴェンは、立ち止まってゲーテが道端で最敬礼し終えて戻ってくるのを待っていた。そしてゲーテに向かって容赦なく言い放った。『あなたはこの連中にうやうやしくしすぎましたよ』。この言葉に対してゲーテはベートーヴェンに対して怒りの手紙を書いていますが、彼のそのような態度も天性の奔放さゆえのことであり、また、難聴という不幸に深く同情していると理解ある態度を取った」と。ゲーテは、ワイマール王国の公職についていたことから、道端に控えて敬礼したのは、自分の立場と皇族を敬う気持ちから当然の行為と思います。ベートーヴェンの態度はいかがなものかとの議論はあると思われますが、彼の自負心と矜持のなせる業といえましょうか。貴族が道を開け、みんなが丁寧にベートーヴェンに挨拶していたことが救いです。一方、大先輩で尊敬するゲーテに対して、あのようなことを面と向かって言い放つこともベートーヴェンらしいといえますが、そこは、ゲーテも大人でベートーヴェンに対する温かい理解に基づく対応であったと思われます。ゲーテは、気分を少し害したことは間違いないようです。

（2）ウィーンでの活動とモーツアルトとの出会い

【ウィーンへの旅立ち：ピアノ対決で負け知らず】

ベートーヴェンは、モーツアルトの教えを受けるべく１７８７年の春に初めてウィーンに旅立ちました。ベートーヴェン16歳のときです。彼は、モーツアルトの前でピアノを演奏するチャンスを得ましたが、それは次項で詳しくご紹介します。１回目の滞在中に母マグダレーナ危篤の知らせを受け、急遽ボンに戻ったために、１回目のウィーン滞在期間は、はわずか数週間でした。

２回目のウィーン留学は、１７９２年11月10日に始まります。ベートーヴェン21歳でした。ヴァルトシュタイン伯爵の尽力により、公費留学としてハイドンの師事を仰ぐために再びウィーンに旅立ちました。しばらくしてベートーヴェンのピアニストとしての名声を高める出来事がありました。弟子のカール・チェルニー（ピアノ教則本で有名）が自伝の中で、その出来事を語っています。「私は、今でもゲネリックが私の父に向かって、今日の夕方自分はある集会に招かれているが、名も知らない若いピアノ弾き（ベートーヴェンのことです）と試合をやらされることになっている。と言った日のことを覚えている。ゲネリックは、それに付け加えて、あっさり片付けようと思う。と言ったのである。その翌日、私の父はゲネリックに昨日の戦いの首尾を聞いた。するとゲネリックは、まるっきり悄然として『おお、昨日のことを思い出す。あの若い男にはサタンがついている。自分はいまだかつてあんなふうな演奏というものを聴いたことがない。彼は、私が与えた主題で即興演奏をやったが、ああいうのはモーツアルトでさえもやったことを聴いたことがない。そのあとで彼は自作を演奏したが、これがまた最高に素晴らしいもので、宏大なものであり、我々が夢にだに見ることのできなかった難しいテクニックと効果をピアノの上で見せてくれた』と語った――」。当時は、ピアノ演奏家同志が即興演奏で競い合うことがたびたびあり、ゲネリックが若いベートーヴェンと対戦させられたのでした。このゲネリックは、当時ウィーンでは大変に有名なピアニストであり、モーツアルトとも親交がありました。楽曲演奏および即興演奏が特に得意なピアニストでした。彼は、ベートーヴェンに敗れたにもかかわらず、ベートーヴェンのピアノの素晴らしさを知ってから自ら彼に近づき、親切に助言を与えるようになりました。ハイドンの対位法の教え方が不充分であることを知ってヨハン・シェンクを紹介して無料で教えてもらえるように取り計らったのも彼です。1795年3月29日にベートーヴェンは、自作のピアノ協奏曲第2番の独奏者としてブルグ劇場で最初の演奏会を行いました。この演奏会は、第一線で活躍する音楽家によるプログラムですので、このころには、ベートーヴェンは一流のピアニストとしてウィーン中の注目を集めていました。その翌年の１７９６年、25歳になったベートーヴェンは、プラハ、ドレスデン、ライプツィヒおよびベルリンに演奏旅行に出発しました。そこでもベートーヴェンは、ベルリンの宮廷音楽長であったフリードリッヒ・ヒンメルと音楽の試合を行いました。ここでもベートーヴェンは、圧倒的な勝利を収めました。ゲーテは、ヒンメルの演奏を好んで聴いていたといわれています。これに限らず、試合相手を片っ端から圧倒的な演奏で倒し続けました。そして、ベートーヴェンは、ウィーン随一のピアニストと認められるようになりました。初めは、作曲家としてではなく、まずピアニストとして認められたのです。

そして、20代後半から耳が聞こえづらくなり、「ハイリゲンシュタットの遺書」に至りました。その後、心の底から絞り出した芸術への決意と使命感に基づき、ピアノ演奏にも取り組みつつ、次第に作曲に比重を移していきました。交響曲、ピアノ・ソナタやバイオリン・ソナタなど多くの分野の作品を手がけました。「第九」を完成させて最期を迎えるまでずっとウィーンに滞在し、故郷のボンの土を再び踏むことはありませんでした。なお、ベートーヴェンは、初めてウィーンを訪れてまもなくに母の危篤の知らせを受けて急遽ボンに戻りました。そして母の死を心から悼み冥福を祈りました。彼が2回目のウィーン滞在中に父の死亡（１７９２年12月18日）の知らせを受けましたが、ボンに戻ることはありませんでした。これが彼の父親に対する想いの意思表示と推察します。

【モーツアルトとの出会い：彼に注目したまえ！】

　１７８７年、ベートーヴェンは16歳の春にウィーンに旅立ちました。ベートーヴェンは、ウィーンのシュラーシュトラーゼのモーツアルトの家を訪ねました。モーツアルトは、このころ「ドン・ジョヴァンニ」の作曲に忙しく、面倒くさそうにベートーヴェンに何か弾くように促しました。ベートーヴェンは、バッハの「平均律クラヴィーア曲集」の前奏曲を披露しました。それを聴いたモーツアルトは、あまり関心を示しませんでした。そこでベートーヴェンは、即興のテーマを与えてくれるよう依頼しました。モーツアルトは、短いメロディー（テーマ）を弾きました。ベートーヴェンは、そのテーマに基づき、楽想豊かに伸び伸びと即興演奏しました。そのときモーツアルトは、「彼に注目したまえ。今に彼は世の話題となる偉大な音楽家になるだろう」とベートーヴェンの才能を讃えました。また、「時折、（君を）見てあげることができるかもしれない」とあわせて伝えました。

ベートーヴェンの才能を瞬時に感知したモーツアルトの感性の鋭さと、相手を褒め称える寛大な心はさすがです。既述の通り、ベートーヴェンは、母の危篤の知らせを受け、急遽ボンに戻りました。わずか数週間のウィーン滞在でした。ベートーヴェンのウィーンへの想いは絶ちがたく1792年11月初旬に再度ウィーンに旅立ちました。一方、モーツアルトは、その前年の1791年12月5日に亡くなっていましたので、残念ながら、彼との再会と教えを請うことはかないませんでした。

〔3〕ベートーヴェンの日常生活

【日課：超規則正しい生活】

ベートーヴェンは、季節にかかわらず日の出とともに起きて、すぐに机に向かい作曲にとりかかりました。昼食は、午後の2時もしくは3時ごろにとり、その後、30分から1時間程度の散歩を行い、散歩中に午前中の仕事の整理を行っていました。彼は、毎日毎日きわめて規則正しい生活をしていました。ベートーヴェンが散歩に出ると「ベートーヴェンさんが散歩で通ったから、今は4時だね」と彼の散歩を時計代わりにしていた人もいたそうです。それほど規則正しい生活を送っていたのです。もちろん、自然を愛するベートーヴェンのことですから時には一日中森や丘を歩くこともありましたが、基本的には、このルーティーンを守り続けました。散歩から帰ったあとは夜も含めて仕事はほとんどしませんでした。ただし、夕方には、時々ピアノに座って即興演奏をするか、バイオリンやビオラを弾いてリラックスしていました。いつでも弾けるように、ピアノの上にそれらの楽器を置いていました。夜は、遅くとも10時までには床に就きました。あれほどの多くの作品を完成させたにもかかわらず、仕事は2時か3時ごろまでに限定していましたので、ベートーヴェンの仕事ぶりは、朝型タイプで短期集中型といえるでしょう。彼の集中力に驚かされます。

また、夏になると避暑をかねて近隣のデーブリング、ハイリゲンシュタットなどで数カ月過ごし、冬にウィーンに戻ってきて日常の生活を送るのでした。また、晩年になると、さらに遠くはなれたメードリンクや温泉保養地であるバーデンやテプリッツに引越して作曲をすることもありました。

ベートーヴェンは、メードリンクでも日課の散歩は欠かさなかったようです。アウグスト・フォン・クレーバーは、1818年にメードリンクでベートーヴェンの肖像画を描きましたが、散歩するベートーヴェンを次のように手記に残していました。「私は、メードリンクを散歩する途上、しばしばベートーヴェンに出会ったが、その姿はまことに面白い。五線紙と短い鉛筆を手に持って、何かに見入るように立ち止まったり、しゃがんで上や下を向いて考え込んだり、しきりに何かを書いたりしているのである。しかし途中で彼に出会っても、話しかけたり、彼に気付いたようなそぶりを見せてはならないということはドント氏からくれぐれも頼まれていた。そうでないと、彼は当惑して機嫌を悪くするというのである。ある日私も大勢の仲間と森の中を散歩したが、細い道から、小高い崖の上に登る彼を見つけた。大きな縁とりのフェルト帽をわきの下に抱えて、上に飛び上がると、松の木の枝にもたれていつまでも大空を眺めていた」。この手記には、ベートーヴェンが森の中で自然と対話しながら楽想を練る様子が詳細に描かれています。五線紙と短い鉛筆を散歩に持参して、思いついたメロディーを五線紙にメモしている様子が手に取るように目に浮かびます。しゃがんで上や下を向いて考え込んだ末に得られた音符をそれに書き込んでいたのでしょう。崖の上に登って松の木の枝にもたれかかっていつまでも空を眺める姿は、想像に難くないですし、意外にロマンチックなベートーヴェンを想像してしまいます。このようにベートーヴェンが散歩しながら曲想を練る様子を記述したクレーバーの手記は、とても貴重な記録といえます。

【散歩姿：うしろ手に歩く姿が独特】

ゲハルト・フォン・ブロイニングは、ベートーヴェンが手帳を携えて歩く姿を次のように記述しています。「ボタンをかけない上着のすそは、ことにシンチュウのボタンのついた青い上着の両すそは外側にひろがっていた。両腕をうしろに組んで、風に向かって歩く時などはことにそうだった。また、幅広いシャツのえりに結び付けられた白い襟巻きの長い両端も、外にひらひらとゆれていた。近視のために彼が使っていた柄付眼鏡もだらしなくぶら下がっていた。さらに、上着の両すそは、重そうに垂れ下がり、その片方の側のポケットからは、よくハンカチもぶら下がっていた。反対側のポケットには、決して薄くはない四つ折のスケッチブック（五線紙）と太いチンメルマンの鉛筆を添えた八つ折の会話帳が入っていた。……これらの帳面の重さが上着のすそを、ひどく長くし、また、上着そのものも、手帳をたびたび出したり入れたりするために、不恰好になっていた」（『シュヴァルツシュパニエル・ハウスより』から引用）両ポケットにたくさんの五線紙と会話帳などを携えて歩くベートーヴェンの姿がなんとなく想像できる興味深い話です。

【音楽以外のことには無頓着：浮浪者と間違われ留置場へ】

とにかくベートーヴェンは、音楽以外のことには著しく無頓着であったようです。音楽に集中しすぎて、音楽以外のことには、目が向かなかったともいえます。

服装については、浮浪者に間違われて留置されたこともあります。ハイリゲンシュタット付近で道に迷ったベートーヴェンは、やたらに人の家をのぞき込んだり、きょろきょろしていました。それを怪しんだ住人の通報により巡査が飛んできました。「私はベートーヴェンです」と伝えても、巡査は、「バカを言え、君は浮浪者ではないか。ベートーヴェンはそんなふうにはしておらぬ」ということで留置されてしまいました。留置場内で彼は「ヴィーナーノイシュタットの音楽顧問の侯爵を呼んで欲しい」と騒ぎました。巡査は、侯爵を呼びに走りました。侯爵は、「これはこれは、ベートーヴェンじゃないか」と叫び、自宅に招き、最上の部屋でもてなしました。翌日、侯爵は、きちんとした服を用意し、市長は謝罪に来て、公用馬車でベートーヴェンを自宅に送ったそうです。

部屋の片付けもあまりしなかったようです。1809年、ベートーヴェンは、ド・トレモン男爵の訪問を受けましたが、そのときの男爵の言葉が、それを如実に物語っています。「（ベートーヴェンの部屋は）極度に暗く、散乱した場所を想像してみて欲しい。湿気のしみが天井を覆い、古臭いグランドピアノの上は埃にまみれて、印刷や手書きの楽譜が積み重ねてある。その横には、写字台をひっくり返したあとのついた、クルミの小さなテーブルがある。インクの固まったペン先がたくさん散らばっている。それからまた楽譜がある。椅子は、夜食の残った皿や、衣服で覆われている」。

家事に疎く、不器用でした。弟子のリースによると、「ベートーヴェンは、いたって不器用で、そそっかしかった。彼が何かを手にするもので、落とすか壊さないものは、まず無いといってよい。インクをこぼして、そばにあるピアノにひっかけたことも再三にとどまらない。どんな家具も彼の前に安全なものは無かった。しかし、彼が自分でひげがそれることだけは不思議でならない。ときどき頬にキズをこしらえたけれども」。

大家、近隣からのクレームも多かったようです。ビオラ奏者のヘルベルト・ミューラーによると、「ベートーヴェンは夏、作曲に行き詰ると、自分の部屋の中で水をかぶったりしたようだ。当時確か二階にいたので一階の天井から水が漏れて大変だったようだ」と。また、作曲に熱が入ると足踏みをしたり、ピアノの弦が切れるほどに鍵盤を叩いて大騒音を醸し出したりして、近隣住人や大家から多くのクレームを受けていたそうです。

一方、ベートーヴェンが被害を受けていた例もあります。彼は、ウィーンの人気者でしたから、彼を一目見ようと家の周りに群衆が集まったり、近くの橋の上から家の中をのぞかれたりして気分を害することも多かったようです。ベートーヴェンは、引越し魔として有名です。ウィーン在住の35年間で60回以上（引越し回数は諸説あります）引越しをしたといわれていますが、このような事情も影響していたのかもしれません。

【食事：手料理を振舞うも大不評】

ベートーヴェンは、健啖家であり、食物の栄養価に気を配っていたそうです。好きな料理は、魚料理が多かったのですが、パルメザンチーズをかけたマカロニ、豚の血を固めたソーセージ、骨を煮詰めたスープに堅パンを入れたものなども好み、栄養本位な食物をいつも好んで食べていました。

指揮者のイグナッツ・フォン・ザイフリートが語ったところでは、「肉のシチューの中にパンを一緒に煮込んだスープが好物で、毎週木曜日、家政婦がこれを作るのを待ちきれない子どものように楽しみにしていた。それに10個の鶏卵で作った大きなオムレツが添えられた」そうです。食欲も旺盛であったようです。

ベートーヴェンの食事は、時間的に不規則で、食べる量もまちまちでした。彼は、コーヒー好きで、朝食時には、特選極上のコーヒーを欠かさずに飲みました。このコーヒーのいれ方が妙に几帳面です。コーヒー1杯ごとに必ず60粒の豆を数えて、秘蔵のガラス製コーヒー湯沸かし器で自らいれるのを常としていました。来訪者が訪れた場合は、豆を数えながら、コーヒー豆やコーヒーマシン、器のうんちくを語ったそうです。ベートーヴェンには似合わない？　几帳面さです。

　ベートーヴェンは、食事の誘いを一度も断ったことがありませんでした。幼少時からの親友であるシュテファン・フォン・ブロイニングの話によると、「彼は、私たちの食事の招待を一度も断ったことがなかった。しかも、そのときには、前もって市場に使いをやって大きな魚を丸ごと一匹手に入れて、それを我々に届けてよこした。魚料理は彼の最も好んだ食物であったことは間違いない。そして、彼は一番大きな魚をいつも親しい友人と分けあって食べるのを楽しみにしていた」。ここで注目されるのは、「ハイリゲンシュタットの遺書」で自らを「善意と優しい情操にはぐくまれ」、「他人を愛し、人間の集いの中にくつろぎを見出すことを特に好んだ」と記述しており、また、人との交流を避けたのは、難聴のせいだと伝えていることです。シュテファンの話では、ブロイニング家の食事に招かれたのは、おそらく2回目のウィーンへの旅立ちの前であるので、ベートーヴェンが20歳前後のことと思われます。このころは耳が聞こえていたため、優しく、人との交流を好む本来の性格であったものと考えられます。余談になりますが、シュテファンの母親であるブロイニング夫人は、ベートーヴェンからコーヒーのお誘いを何度も受けたのですが、断り続けたそうです。全くの推測ですが、ご夫人にとってあまり片付けられていなく、埃っぽく暗いベートーヴェンの部屋に入って、彼が自ら手で豆をより分けて60個数えていれてくれたコーヒーを飲むことに若干の躊躇があったものと推察します。違うかもしれません。

一方、ベートーヴェンは、高級な料理の調理法を自ら習得して、その腕前を披露することを好みました。前出の指揮者ザイフリートがベートーヴェンの手料理を振舞われた際の愉快な話があります。「客人たちは、1時間以上もしびれを切らしたあげく、腹の虫も忍耐の限度に来たころ、ようやく料理が並べられた。ところが、スープはウィーン中のどの乞食レストランよりもお粗末。仔牛は火の通っていない生煮えであり、野菜は水と油の中に浮いており、揚げ物は煙突のすすで燻したよう。そして最も困ったことは、この上機嫌な名料理人をもって自認しているこの家のご主人が、後からあとから料理を並べて、冗談を飛ばしながら、客人たちに強制することであった。客人たちは、全く息の詰まる思いでこの家を辞去したであろう」。ベートーヴェンは、人の作る料理には厳しいが、自らの料理の腕には甘い採点だったようです。それでも後からあとから料理を作ってもてなすベートーヴェンのホスピタリティは、心のこもった誠実な行為といえましょう。音楽はきわめて秀逸ですが、料理の腕はいまひとつというのが人間らしくて親しみが湧きます。

【烈火のような気性：卵を投げつけられたらたまらんゾ】

「ハイリゲンシュタットの遺書」の中で、「烈火のように激しい気性」と自らを評していますが、そのエピソードをご紹介します。

先ほどのオムレツに関してですが、ベートーヴェンは、卵の良し悪しを調べるために、窓辺に卵を持参し、光に当てて腐敗の有無などを一つずつチェックしたそうです。もし、その中に腐敗した卵があろうものなら、家政婦を呼び、まさに烈火のように激しい気性で罵倒し、卵を投げつけたそうです。逃げ遅れた家政婦は、背中に卵の黄身や白身をべっとりつけて、ほうほうの体で逃げ回ったそうです。いく人かの家政婦がベートーヴェン家に長く居続かなかった理由は、こんなところにも原因がありそうです。

【ベートーヴェンの肖像画と実際の風貌：今こそ明かす素顔】

ベートーヴェンの肖像画は、多数存在します。一番古いものは、1801年にベートーヴェンがシュタイン・フォン・ブロイニングに贈った画家ホルネマンが象牙の板の上に描いた小型のペンダントです。髪が短めでいかにも若々しさがにじみ出ている肖像画です。

また、音楽室に飾ってある森の中で譜面を手にしているヨゼフ・スティーラーが描いた肖像画は、ベートーヴェンが50歳ごろの作品です。私は個人的には、1818年にアウグスト・フォン・クレーバーが描いた肖像画（P3参照）も気に入っています。いかにも自然体で、風になびいているような髪も魅力的です。その他にもヘーフェルやシモンが描いた肖像画もよく見かけます。肖像画は、あくまで肖像画として描きますので、多少のお化粧感はぬぐえません。当時は写真がありませんでしたが、実際の容貌・姿はどうであったのでしょうか。肖像画から推察してなるほどと思える記述を見つけましたのでご紹介します。

それは、アメリカの音楽評論家ハロルド・C・ショーンバーグが著書『大作曲家の生涯』においてベートーヴェンの容姿と性癖について記述している次の記事です。「決してハンサムではなかった彼は、青年時代、色が浅黒かったために〝スペイン人〟というニックネームをつけられた。彼は1メートル62センチと短身で、いかつくて肩幅が広く、大きな頭とおびただしい髪の毛を持ち、反歯で鼻は丸くて小さく、ところ構わずつばを吐く癖があった。彼は、不器用で、彼が手を触れると何でもひっくり返ったり、壊したりした。運動神経は鈍く、いくら努力してもダンスは上達せず、ひげを剃るときはよくケガをした」。このコメントは、肖像画から想像できる範囲内の既述ですので、全く実体と異なることはなさそうです。また、不器用であることも既述しましたようにベートーヴェンの弟子のリースの言葉とほとんど相違ないことからも実態に近いと判断できます。

〔4〕ベートーヴェンの病

【病気のデパート：これだけの病気持ちは珍しい】

ベートーヴェンほど多くの病に苦しんだ芸術家を知りません。難聴のほかに、肝硬変、糖尿病とそれに伴う眼疾、腹膜炎、黄疸、リウマチ、通風、痔疾、腸疾患と下痢など、まさに病のデパート状態です。医師の指導のもとに難聴とあわせてこれらの病気の治療に励むものの、抜本的な解消、はかばかしい成果は認められませんでした。

ベートーヴェンの死の翌日に総合病院の病理学研究室のヨハン・ヴァーグナー博士の執刀により、検死解剖が行われました。死因は肝硬変でした。「肝臓は正常大の半分に萎縮し、角質化し、硬く、緑黄色を呈す。瘤状の表面とその組織内に豆粒大の結節散在。血管細く、血行不全。脾臓は暗色にて正常大の2倍を上回る。膵臓も硬変」と検死書に記載されています。好きなワインなどのアルコールの多飲による肝臓障害に加え、当時のワインには鉛系の添加物が加えられていたので、後述の頭髪検査結果に認められたように鉛中毒に冒されていた可能性もあります。

【難聴の原因調査結果：死亡翌日のウィーン大学による耳疾患の調査結果：若年発症型両側性感音難聴】

難聴には２つの原因が考えられるといわれています。１つ目が、耳硬化症によるものであり、中耳と内耳を結び付ける内耳腔の窓のところ、ないしは、その凹の部分に起こる鐙《あぶみ》骨《こつ》の骨性の癒着により、そこが動かなくなって難聴を引き起こすとするものです。２つ目は、内耳の不具合であり、内耳腔全体の衰え、もしくは、聴神経の悪化によるもので内耳に原因があるとするものです。ベートーヴェンが死亡した日の翌日にあたる１８２７年３月27日にウィーン大学において遺体解剖が行われました。その結果においても耳硬化症の所見は認められなかったこと、および、ヴェーゲラーへの手紙によると高音が聞き取りにくかったことなどから判断して、現在のところ内耳全体の衰えが原因の若年発症型両側性感音難聴の見解が有力だそうです。人間の耳は、高い音は子音を聴き取り、低い音は母音を聴き取るそうで、若年発症型両側性感音難聴は、発症の初期には、高音部の難聴から始まります。ヴェーゲラーへの手紙の内容と症状的には合致しています。この難聴は遺伝子が影響する難病であり、数十万人に一人が患う病気といわれています。

【アムステルダム大学調査結果：高音使用比率40代まで低下、50代で増加】

ベートーヴェンの聴覚の不調を示す興味深い調査・研究がアムステルダム大学でなされました。彼の歴代の弦楽四重奏曲におけるG6以上の高音域（G6：G3のソより3オクターブ高いソ）の使用比率を20代、30代、40代および50代で比較調査しました。その結果、詳細は省略しますが、20代から40代にかけてはその比率が低下し、50代では増加したそうです。20代後半からだんだん聞こえにくくなり、その症状は悪化していきましたがそれに伴って高音域の使用比率が下がっていきました。ベートーヴェンは、高音が聞こえにくいと周囲に伝えていましたから、高音域の音を使っても自分に聞こえにくいためにその使用を差し控えざるを得なかったのではないかと推察されています。一方、50代でその使用比率が増えたのは、そのころのベートーヴェンは、完全に音を失っていましたので、自分の耳の聞こえにくいことに制約されずに理想の音やメロディーを追求して自由に作曲した結果として、高音域の使用比率が増加したと考えられます。「第九」の第4楽章においてソプラノ歌手が超高音で歌い続けるパートがありますが、これもベートーヴェンが理想の音とメロディーを求めたことと通底していると考えます。あるソプラノ歌手がベートーヴェンにそのパートの修正を申し出たことがあったそうです。もちろん、ベートーヴェンの答えは、「NO!」でした。

【頭髪からの死因分析結果：通常の42倍の鉛を検出】

ベートーヴェンの死の床で少年が形見として受け取った髪の束が、約170年の年月を経て、1994年に二人のアメリカ人（アイラ・ブリリアントとアルフレード・ゲバラ）の手に渡りました。ベートーヴェンの熱心なファンである二人は、最新の科学分析機器である走査電子顕微鏡エネルギー分散分光測定法（SEM/EDS）と走査イオン放射顕微鏡質量分析分光測定法（SIMS）を駆使して遺髪の成分分析を行い、彼の死亡原因の推定を試みました。その結果、その遺髪から通常の42倍もの鉛が検出されたことから、この鉛中毒が死亡原因であると結論づけました（ラッセル・マーティン著『ベートーヴェンの遺髪』による）。

鉛中毒は、重度の腹部のけいれん、嘔吐、便秘、下痢、痛風、関節痛、かんしゃくなどの症状を誘発し、生涯ベートーヴェンを苦しめました。鉛中毒の原因としては、①治療として湯治場で鉛を含む温泉を飲んだこと②口当たりをよくするために当時鉛を添加していたワインを飲んだこと③医者により種々の病気の治療として鉛錠を処方されたことなどが考えられます。

〔5〕ベートーヴェンの最期

【み心のままに：運命は真に苛酷なり】

1827年3月14日付のベートーヴェンからロンドンに住むピアニストのイグナッツ・モーシュレス宛の手紙からの抜粋です。

「……私の運命は真に苛酷なものです。けれども私は、その運命のもたらすものに従ってきました。そして、この運命が神の智慧によって定められたものである以上、私がこの生きながらの死を続けている間は、困苦から私を守り給えと、ただ神に祈り続けるだけでした。このことが、私に運命に耐える充分な力を与えてくれるのです。たとえ、それがどんなに辛く、恐ろしいものであろうとも、全能の神の、み心に従っているのだ、と思って耐えることができるのです……」死の12日前の手紙です。このころベートーヴェンは、寝たきりの状態ですので、書簡はシントラーが書き、ベートーヴェンが署名しました。1827年に入ると、ベートーヴェンは、寝たきりとなり、彼の言うとおり「生きながらの死」の状態を続けていました。そして、2月27日の腹部にたまった水を取る腹水穿取の手術の後、ベートーヴェンは、ついに再起の希望を棄てたようです。このときの手術では、噴出した腹水が病室の中央あたりまでも飛出し、床をぬらしたといいます。主治医ヴァウルーフ博士は、「どんな慰めの言葉も、もう彼を元気づけることはできなかった。そして、春が来て気候がよくなれば、きっと病気は軽くなるだろう、という言葉に対して、ベートーヴェンは『私の生涯はもう終わりました。もしも、この私を助けることのできる医師がいるならば、その人の名は奇跡と呼ばれなければなりません』と笑いながら言った」とのちにまとめた『晩年のベートーヴェンの医学的回顧』の中で伝えています。ベートーヴェンの心境を察するに、読んでいて目頭が熱くなるような内容です。ベートーヴェンが「運命は真に苛酷」と綴った運命とは主に難聴のことを言っていると推察されますが、この運命を人生に置き換えれば万人にあてはまる含蓄のある重い言葉です。

【死の床：突然奇跡が！】

ベートーヴェンの幼友達であるシュテファン・フォン・ブロイニングの息子のゲハルト・フォン・ブロイニングによると、「ベートーヴェンは、死の2日前の24日夕方から意識混濁状態に陥り、大きないびき声を立てながら呼吸をしていた。頑丈な体躯と衰えを見せぬ肺は、迫り来る死と闘う巨人さながらで、この人物は、もはや苦しんでいないことは明らかであった」と伝えています。

ベートーヴェンの死に立ち会ったアンゼルム・ヒュッテンブレンナーは、次のように書いています。「1827年3月26日の午後3時ごろ、私がベートーヴェンの寝室に入っていくと、そこには宮廷顧問官シュテファン、その息子ゲハルト、リンツの地主で薬剤師のヨハン・ヴァン・ベートーヴェン（弟）の妻であるヴァン・ベートーヴェン夫人（夫人ではなく家政婦のザーリとの説もあります）と私だけが臨終の部屋にいた。ベートーヴェンは意識を失ったまま、午後3時から5時過ぎまで死の喉鳴りを続けているうちに、稲妻が走って、臨終の部屋をきらきらと照らし出し、すさまじい雷鳴がとどろきわたった。ベートーヴェンの住居前には、雪が積もっていた。この予期しない自然現象に、私はすっかり肝を冷やしたが、そのあとベートーヴェンは、両眼を見開き、右手を上げ、拳を握りしめ、深刻なかぎりの、凶兆みなぎる表情で、数秒のあいだ上方（右手）を見つめていた。（中略）挙げていた手をベッドに落としたとき、両眼はなかば閉じられた。私は、右手を頭の下に、左手を胸の上に置いた。息は絶え、心臓はもう打たなくなってしまった」。こん睡状態にある中でのいかにもベートーヴェンらしい壮絶な臨終でした。

1827年3月26日、ベートーヴェンは、56歳3カ月の偉大な生涯を閉じました。

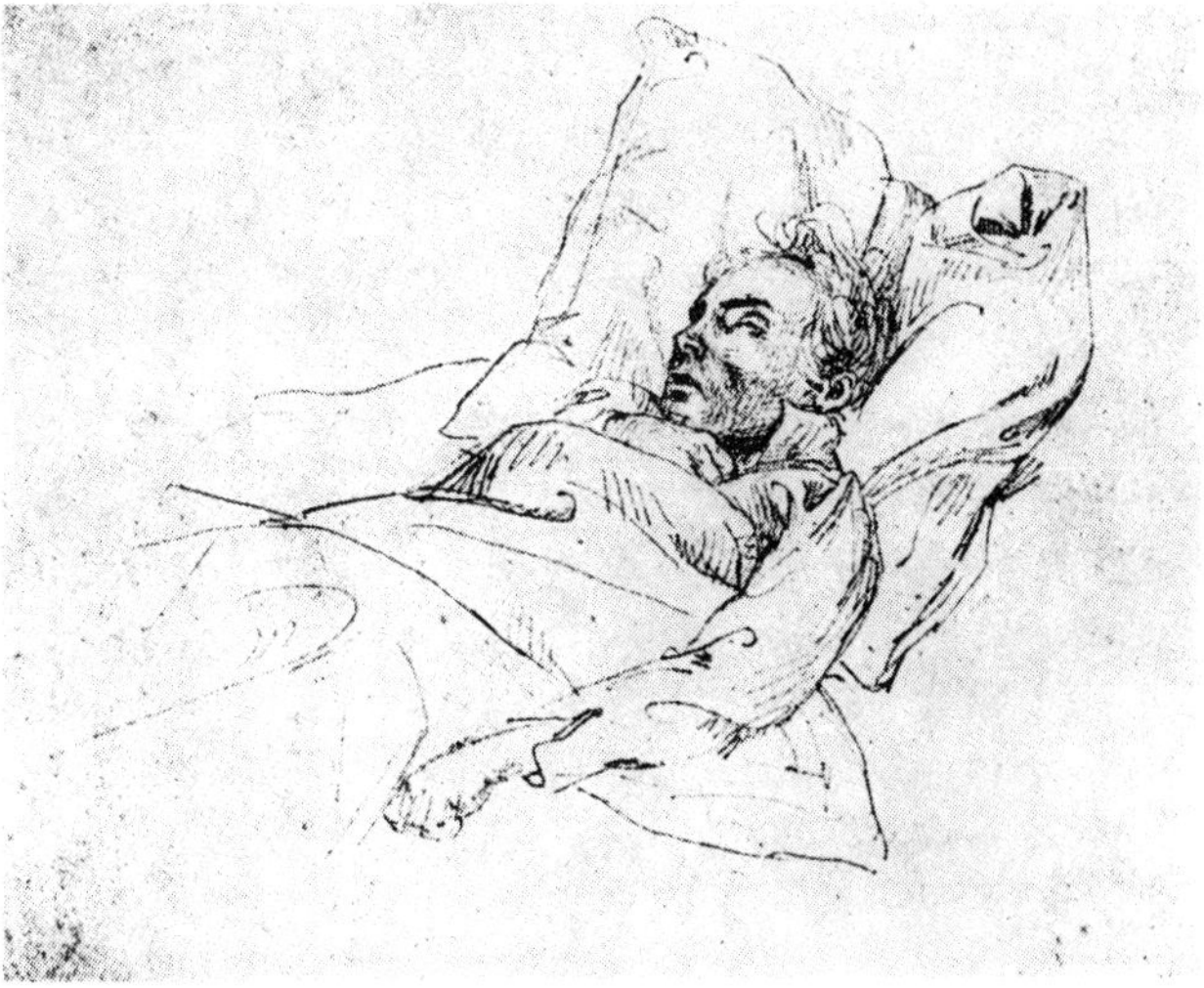

「死の床のベートーヴェン」（by テルチャー）

【追記】

ベートーヴェンの伝記などを読んだときに、意識混濁・こん睡状態の中で、ある瞬間に右手を上げ、目を見開いてそれを見ていたことに、違和感を抱いていました。大ベートーヴェンの臨終ゆえに創作的要素があるのではないかと疑念を持っていました。私が間違えていたようです。『死にゆく者からの言葉』（鈴木秀子著）において、「死の直前に、あたかも回復したかのように思われるときがある。そのようなときに、病人は自分の人生を振り返り言葉にすることがあります。ある人は、死の直前に、大きく目を開き、病人とは思えないまなざしで両腕をまなざしと同じ方向にさし伸ばすと、透き通る声で叫んだのです。〝美しい〟と。また、意識の無い父親の枕元で牧師さんが臨終のための祈りを捧げていた時に、父親は力強い大きな声で、〝今、死にゆく友のために祈っていたようだけど、それは私のことかね〟と言ったそうです」と記述されています。鈴木氏の著作に触れ、前述の私の考えは完全に間違えていたことを恥じました。

【最後の言葉：「諸君、喝采したまえ」ではない】

「諸君、喝采したまえ、喜劇は終わった！」

あまりにも有名な言葉です。死の3日前の1827年3月23日、シュテファン・フォン・ブロイニングが起草した「甥のカールがただ一人の相続人である」という遺言書をベートーヴェンに確認してもらい、ベートーヴェンが自筆のサインをして相続の件が落着しました。そのときに発した冒頭の言葉は、ローマ古典劇の終幕の常套句です。原語では、“Plaudite, amici, comoedia finite est!” です。言語の並び順に直訳すれば、「喝采せよ、友（複数）、喜劇は終わった！」となります。この“comoedia”（喜劇）という言葉の意味、さらに、文章全体の解釈については、多くの論評がありますが、個人的には、遺言書が完成した安堵感から、また、ひと仕事終えた達成感から、駄洒落とジョーク好きのベートーヴェンは、「やっと終わった！」との思いで、ローマ古典劇の終幕の言葉を口にしたのではないかと推察しています。少なくとも、最後の言葉として悲壮感に満ちた心境から発した言葉ではないと考えています。

　ゲーテの最後の言葉「もっと光を！」と同じような位置づけの言葉と理解しています。すなわち、ゲーテのこの言葉は、「部屋が暗いので、カーテン開けて光を入れてください」と周囲の人に口にした言葉です。それが大ゲーテの言葉ゆえ、「もっと光を！」との含蓄のある最後の言葉となりました。

　まだ続きがあります。死から最も近い時間に口にした言葉を最後の言葉とするならば、以下の言葉がベートーヴェンの最後の言葉です。24日にマインツの楽譜出版業社ショット社からワインのプレゼント（合計18本）が届けられた際に発した言葉です。ベートーヴェンがかねてから恋焦がれていた生まれ故郷のボンに近いライン河畔のリューデスハイムで育ったリューデスハイム・ベルク・ワインを目にしたときに発せられた言葉です。

「残念、残念、遅すぎました」

ベートーヴェンは、衰弱しており、ワインを飲みほす気力・体力は残っていなかったのですが、周囲の人が小さな茶さじでひとさじずつ彼の口を湿してあげたそうです。この言葉の方がワイン好きのベートーヴェンにとっては、よく馴染む〝最後の言葉〟と思いますが、いかがでしょうか。

【葬儀：皇帝さえもなしえなかった盛大葬儀】

ベートーヴェンの遺体は、白い薔薇と百合、そして絹布で飾られ、樫の棺に納められ、8本の燭台に守られながらシュヴァルツシュパニエルハウスの自室で死後の夜を送りました。

ベートーヴェンの葬儀は、死後3日目の3月29日午後3時から、彼の幼な友達のシュテファン・フォン・ブロイニングの主宰でとり行われました。朝からシュヴァルツシュパニエルハウス前の広場に続々と人々が詰めかけました。ベートーヴェンの訃報がウィーン市内の隅々まで伝わり、あちこちから市民が駆けつけました。出棺時刻の午後3時には、押し寄せる人並みで葬列が中庭から出られなくなり、機動隊の協力で通路を空けたほどでした。著名な音楽家や詩人、旧友たちのほとんどが参列しました。その数は、約2万人といわれており、その中には、小学校の生徒や地元の貧しい人々も交じっていました。ウィーン市民からいかにベートーヴェンが愛され、尊敬されていたかがうかがわれます。葬儀の模様は、ウィーン大審院の古文書館にある『ベートーヴェンの葬儀に関する全容を収めた記録』にありますが、正確を期すためにその資料から一部抜粋してご紹介します。

「ベートーヴェンは、1827年3月26日、月曜日、午後5時45分ごろに死去した。火曜日の朝、ヨハン・ヴァーグナー博士が遺体を解剖した。やがて着衣のうえ、磨かれた樫製の棺に納棺し、金色の球形台に安置された。覆い布の上には金色の十字架が置かれ、死者の頭部は白薔薇の花輪に飾られて、白絹の枕に休らっていた。（中略）遺体は、死去した部屋に『作曲室』のほうへ頭を向け安置され、棺の両側には8本の蝋燭が燃えていた」。そして「(29日の) 午後3時に棺が閉ざされ、階下におろして中庭に安置された。ショッテン司教区から来た9人の司祭が、死者に祝福を与えた。それに続いてバルバーヤの宮廷歌手たちが挽歌として賛美歌を歌った。歌手たちは、棺を教会まで運ぶことになった。ここで扉が開かれたところ、群衆がひしめいて、式典管掌官とその助役たちは、大変な苦労をしてやっと葬列を作ることができた始末であった。死者の身近に立つべき人々でさえ、棺に付き添う名誉ある場所から押しやられてしまいかねなかった。棺からは白絹の帯がたれさがっていた。8人の楽長が左右に分かれて4人ずつその棺衣の縁を手に持った。棺の両側には松明持ちとしてカール・チェルニー、グリルパルツァー、シューベルトなど30名以上が肩を百合の花で飾り侍した。松明は、花の装飾付きであった。行列は、大変な苦労をして整えられたが、いまや動き出した。花で飾った十字架を持つ人たちを先頭に、福祉機関の役員たちがそれに続き、音楽隊が続いた。（中略）棺のうしろには、ヨハン及びヨハンナ・ヴァン・ベートーヴェン、ゲハルト・フォン・ブロイニングや教会の楽長、音楽院の学生たちや（ウィーン中から集まった）故人の数多い友人や讃仰者一同が追従した。行列の末尾には、4頭の馬車が『きわめて見事な式典馬車』を引いていたが、これは聖シュテファン大聖堂の教区長老会が寄進したものである。こうして行列は、アルザー小路に到着した。ゲハルト・フォン・ブロイニングは、群衆を2万人と見積もった。教会は、収容能力いっぱいまで満員となった。棺が運び込まれるや、当番の兵士たちはなんとかして人間を中に入れまいとした。巨匠の親類や友人たちも、苦心の末やっと教会に入れたぐらいであった。群衆に押されて気絶した人たちは、病院に運ばれた」（中略）「教会の宗教儀礼がすむと、棺は式典馬車に乗せられた。群衆の一部は、退散したけれども、数千人の人びとが行列にぴったりついて病院通りをゆっくりと歩いていった」（中略）「（墓地に着くと）司祭のヨハン・ハイエクおよび助祭が待っていて、行列が停止するや、棺は教会内に運び込まれ、両司祭から祝福の儀を受けた。式が終わると教区の歌手たちが《ミゼーレ》、《モテト》などを歌った。ここで運搬者たちは再び棺を担ぎ、大勢の人たちがなお行列に従っていった。村の学校児童も教師に引率されて来ていたり、土地の貧しい人々もいた。（中略）行列は、教区共同墓地のある野原に近づいた。門前で運搬者たちは荷をおろした。傑出した悲劇俳優ハインリヒ・アンシュッツが棺の前に歩みより、グリルパルツァー作の胸を打つ弔辞を読んだ。そのあと、シュレヒタ作の詩が発表された。かくて今やこの偉大な人物は、ほかの故人たちの仲間に入ることになったのである。司祭たちは、墓地を清め、遺体に最後の祝福を与えた。春の日が暮れおちる光を受けながら、棺は地下におろされていった。月桂樹の環３つをフンメルが墓の上に供えた。それから古来の風習どおり、近くに立っている人々が墓に土を投げかけてから、松明は消し去られた」と記載されています。《デア・ザムラー》紙の記事では、「あまりの大群衆が、ベートーヴェンの住居の広い中庭に入りきれなくなると、行列が動き出すまで門を閉ざさねばならなかった。（中略）合唱団が故人作曲の《ミゼーレ》を歌った。見事な作品の敬虔な調べは、荘重に気高く、静かな大気の中を空に流れていった。その光景は堂々たるものであった。一面に刺繍をほどこした棺衣をかけた棺、司祭、友人たちのために最後の供奉をしている著名人たち、そして周辺の群衆、これらはすべて目を見張る情景であった」と伝えました。

一方、ベートーヴェンのピアノの生徒でもあった女性・テレーゼ・ブルンスヴィックは、次のように報告しています。「かつてオーストリアの皇帝でさえ、ベートーヴェンほどの葬儀は受けていませんでした。3万人（前出の記録ではゲハルトは2万人と見積もっていた）の人々が墓地まで付き従いました。彼の死は、ウィーンに今まで誰も知らなかった途方もない騒ぎを引き起こしたのです」と。当時のボンやワイマールの人口が約1万人でしたから、ウィーンの人口が約12万人とはいえ、いかにこの葬儀が盛大であったかがうかがわれます。

4月3日にはウィーン市内のアウグスティーノ教会で死者のためのミサが行われ、モーツアルトの「レクイエム」が、5日にカール教会でケルビーニの「レクイエム」が演奏されました。

ベートーヴェンの葬儀

【追記】

葬儀の行列で松明を手にして行進したシューベルトは、ベートーヴェンを尊敬しており、自分が死んだあとは、ベートーヴェンの墓の隣に埋葬してほしいと周囲に伝えていました。シューベルトは、ベートーヴェンの死の翌年の１８２８年11月19日に後を追うように31歳の若さで亡くなりました。シューベルトの棺は、本人の希望とおりヴェーリング墓地でベートーヴェンの墓の隣に埋葬されました。なお、現在のベートーヴェンの墓は、新たに整備されたウィーン中央墓地に１８８８年６月21日に移葬されました。シューベルトの墓は、ここでもベートーヴェンの隣に位置しています。シントラーは、ベートーヴェンが死の床についていたときに、シューベルトの歌曲を60曲ほどベートーヴェンに紹介しました。それを見てベートーヴェンは、「まことに、シューベルトの中には神の火花が住んでいるに違いない」と何度も口にして、シューベルトの才能を高く評価したとシントラーは１８３１年５月３日付の『テアターツァイトゥンク』誌に論評しました。モーツァルトが若き天才ベートーヴェンと面会したときに「彼に注目したまえ。今に彼は世の話題となる偉大な音楽家になるだろう」と評価したように、ベートーヴェンも若き天才シューベルトの音楽を高く評価しました。天才同志の時代の巡り合わせを感じさせる出来事・言葉です。

１８１５年10月19日にベートーヴェンが、マリー・エルデーディ伯爵夫人にあてた手紙は、まさに彼の人生を象徴する内容です。１８１５年10月といえば、交響曲第７番および第８番を完成させた後に「第九」（歓喜の歌）を作曲している時期です。まさにベートーヴェンの音楽家としての集大成を成し遂げようとしている時の手紙（言葉）です。ベートーヴェン自身の人生の集大成の言葉とも捉えることができます。そして、この言葉は、全人類への応援メッセージに思えてなりません。最後に、その手紙の中の一節をご紹介して筆を置くこととします。

「……我々限りある存在、しかも無限の精神を宿した我々人間は、悩みまた喜ぶように生まれついているのです。そして、そうした人間のうちで最も優れたものが、苦悩を突き抜けて歓喜を勝ち得るのだといってもいいでしょう……」

完

ウィーンのベートーヴェン像

〝苦悩を突き抜けて歓喜へ〟

Ludwig van Beethoven

コラム5

弦楽四重奏曲第16番　ヘ長調　作品135：ベートーヴェンの最後の作品

ベートーヴェンの最後の弦楽四重奏曲にして生涯最後の作品です。死から5か月前の1826年に作曲されました。初演は、死後の1828年3月28日でした。彼の最後の作品に興味を抱き聴いてみました。

第3楽章において、ビオラに導かれてバイオリンが受け継いだ第1主題がとても美しく、まさに「第九」第3楽章のようなベートーヴェン特有の天上の世界を思わせる崇高な響きでした。第4楽章では、ハイドン、モーツアルトを思わせる軽やかなメロディーが流れます。さらに、ベートーヴェンらしい明るいメロディーの主題が展開される前の不安定な和音が印象的で、第5番「運命」の第4楽章ファンファーレの直前の不穏な雰囲気を想起しました。フィナーレに導くピチカートの軽やかなリズムも心地よい響きでした。

ベートーヴェンは、この曲のフィナーレの第1バイオリンの自筆パート譜の冒頭において、「ようやくついた決心」という見出しを書き込み、さらに次のような言葉を記しています。「そうでなくてはならないのか？」「そうでなくてはならない！」と。ベートーヴェンにとって最後の楽曲におけるこれらの言葉が、彼の生涯を象徴する深い意味を有すると考えます。この曲の作曲と時期が重なる死の4か月前に親友のフランツ・ゲハルト・ヴェーゲラーにあてた手紙の中で、「私は老いたる子どものように親切な人々に囲まれながら、どこかで、この世を終わりたいと思っています」と死を覚悟しているかのような言葉を伝えました。これまでずっと音楽の完成度を追求し、悩みぬいたベートーヴェンが死を覚悟した最後のこの曲でようやく決心がついたのでしょう。そして、「そうでなくてはならない！」と判断して、「これまで自分が進んできた道は間違えていなかったのだ！」と自らの音楽に確信が持てたものと推察します。さらに、自らの人生の勝利をも確信したものとあわせて僭越ながら推察します。

　また、前述の手紙の中で、「……とにかく、私のモットーは、常に『1行も書かざる日なし』です」と述べた努力の天才、そして死期が迫っている状況でも芸術のさらなる高みを目指して作曲を続けるベートーヴェンの姿を思い浮かべるにつけ、万感胸に迫ります。芸術へのあふれる情熱を持ち続けた偉大な音楽家、そして人間ベートーヴェンへの敬意を新たにしました。

あとがき

最後になりましたが、本書の執筆に至った経緯をご紹介させていただきます。

「はじめに」で述べましたように、私は、中学生のころからベートーヴェンのファンでした。彼の音楽に親しんでいるうちに、交響曲第1番と第2番の演奏される機会が、交響曲第3番「英雄」以降のそれらに比べて著しく少ないと思っていました。その理由を考えるに、1番、2番はハイドンやモーツアルトなどの影響を受けているためにやや古典的であることからベートーヴェンらしさに乏しいために演奏される機会が少ないのではなかろうかと。一方、第3番「英雄」以降の交響曲は古典的というよりは個性的であり、ベートーヴェンらしさが随所に感じられることから演奏機会が多いのではないかと考えるに至りました。本書で述べましたように、例えば、交響曲第3番のように、確かに「ジャン・ジャン」で始まる交響曲は、きわめて個性的であり、第5番「運命」においては、「ジャジャジャジャーン」で始まります。いずれも過去に例のない先進的かつ革新的な音楽です。第6番「田園」では、田園の風景や村人の様子や感情を音楽で表現し、「第九」に至っては合唱まで取り入れています。このようにベートーヴェンの音楽は、過去を超越する先進性と革新性を備えており、まさにこれらがベートーヴェンらしさといえましょう。

ベートーヴェンは、20歳代後半から音が聞き取り難くなり、40歳代後半では全く聞こえない状態に至りました。音楽家として致命的な疾患に陥り、それに苦悩し続けた生涯でした。伝記などによれば、ベートーヴェンは、絶望の果てに遺書まで綴りました。それが「ハイリゲンシュタットの遺書」です。

その遺書は、１８０２年10月６日に書かれました。すなわち、時期的には、交響曲第２番（古典的）と第３番「英雄」（個性的）の間に書かれました。その遺書とその後の音楽の著しい飛躍との間には何か関係があるのではないかと仮説を立てました。そこで、私は、その遺書を詳細に検証してみようと思いました。

その遺書は一般的に「芸術が自殺を引きとめた」と表層的に解釈されることが多いのですが、遺書を詳細に調べていくうちにその表層的解釈にとどまらず、その遺書がベートーヴェンに決定的・根源的な影響を与えたのではないか。すなわち、それを書くことにより生きることへの強い意志と音楽に対する強い使命感と責任感を心の底から絞り出したのではないかと解釈したのです。

交響曲第３番「英雄」以降の交響曲の飛躍の源となったのがその遺書にあると解釈したことから、本書のタイトルを『「ハイリゲンシュタットの遺書」の真実』としました。その遺書の本当の意味なり意義はそこにあったのだ、との思いが本書を執筆する原点となりました。

それでは、どこがどのように変わったのか？　について自分なりにいろいろと調査しました。趣味で過去に記録・蓄積していた彼の音楽の情報・特徴なども参考にしました。その結果、彼の音楽の先進性と革新性に注目しました。それは、作曲手法・作曲技術的な側面です。

一方、一般的に、楽曲には、作曲家の苦悩や人間性、人生観、思想、哲学などが反映されますが、この側面からベートーヴェンの音楽を解釈してみようと考えました。その結果、新たな発見もありました。ベートーヴェンが18歳のときに、フランス革命が勃発（１７８9年7月14日）しました。彼は、「自由、平等、博愛」の精神に強く共鳴しました。詳細は、本文に譲りますが、その精神は、楽曲にも織り込まれました。

その「自由、平等、博愛」の精神は、革命当時のスローガンでしたが、現代にも通ずる基本的な理念でもあります。

そして、それが、ベートーヴェンの人間的な側面を支える基本的な思想であるとの考えに至りました。当時の彼を取り巻く環境を見ますと、身分の差、貧富の差、病気や生活に苦しんでいる人々などで分断された社会が厳然として存在していました。この分断は、ベートーヴェンの時代のみならず、現代でも存在している重大な社会問題です。その分断状態は、現代に至り著しく劣化、深刻化している模様です。アメリカ、欧州においても、日本においても、アフリカその他の地域においても例に漏れません。その解消は、永遠のテーマです。その分断を解消するのが「人類愛」であるとベートーヴェンは説いているのです。その思想を典型的に表現しているのが「第九」です。「第九」においては先に述べましたように、「自由、平等、博愛」を通じた「人類愛」を謳っています。さらに、「第九」の歌詞をつまびらかに分析すると、「生物多様性」についても訴えかけているのです。詳細は本文に譲りますが、今から２００年も前に「生物多様性」の重要性を説いていた偉大なる先見性に敬服しました。

すなわち、ベートーヴェンは、大作曲家であるとともに、音楽を通じた「大思想家」であり、「大哲学者」であると認識するに至りました。本書執筆を通じて、彼の偉大さ・魅力を改めて強く感じた次第です。そして、少しでも世界がベートーヴェンの理想とする世界に近づくことを祈って止みません。

少し長くなりましたが、このような想い（ベートーヴェンの先進性・革新性および人間性）を少しでも読者の方々にお伝えできればと思い立ったのが本書の執筆理由です。もし、読者の方々に少しでもお伝えできて、ベートーヴェンに対する興味と理解が深まれば幸いです。現在のコロナ禍にあって、もしお時間があれば、ベートーヴェンの音楽に接していただければ、望外の喜びです。

立命館アジア太平洋大学学長　出口治明氏の著作『還暦からの底力』の中の「還暦過ぎても志があれば底力を発揮できる」との記述に励まされ、背中を押されて本書の執筆に至りました。私にとっては、初めての挑戦でしたが、出口氏の「頑張ってください」の言葉に励まされ何とかここまでこぎつけることができました。出口氏に深甚なる謝意を表します。

さらに、「はじめに」でご紹介しましたように、中学生のときに交響曲第5番「運命」を聴かせてくれて、ベートーヴェンと私との運命的な出会いの場を提供してくれた友人・井上宏一君にも深く謝意を表します。彼は、ローマのサンタ・チェーチリア音楽院指揮科を卒業して指揮者になりました。イタリア国内でコンサート活動を行い、後にルーマニア国立ブカレスト歌劇場、同ヤシ市歌劇場常任指揮者として世界で活躍しています。

井上君には、記述内容に関する専門的見地からの誤りの指摘、読者にもっとわかりやすく伝えるための表現方法などのアドバイスをもらいました。個人的な話で恐縮ですが、以前、彼と酒席を共にした時に「『ハイリゲンシュタットの遺書』前後でベートーヴェンの音楽に劇的な変化が見られるが、その遺書に深い意味があるのではないか」と大胆にも音楽の専門家である彼に伝えたところ「おもしろい考えだ」と評してくれたことも後押しになりました。

最後に、出版に対して一連のアドバイス等をいただいた㈱幻冬舎ルネッサンス新社企画編集部の木村拓人様、丁寧な編集をしてくださった編集部の皆様、そしてイラストレーターの小澤一雄氏に心より謝意を表します。

どうもありがとうございました。

岸　伸典

参考文献

『ベートーヴェン　音楽と生涯』（ルイス・ロックウッド著、春秋社）

『ベートーヴェンの生涯（上）』（アレグザンダー・ウィーロック・セイヤー著、音楽之友社）

『ベートーヴェンの生涯（下）』（アレグザンダー・ウィーロック・セイヤー著、音楽之友社）

『ベートーヴェンの人間像』（近衛秀麿著、音楽之友社）

『ベートーヴェンの生涯』（青木やよひ著、平凡社新書）

『ベートーヴェンの交響曲』（金聖響＋玉木正之、講談社現代新書）

『ベートーヴェンを慕いて』（小原國芳編、玉川大学出版部）

『交響曲「第九」の秘密』（マンフレッド・クラメス著、ワニブックス）

『ベートーヴェン』（平野昭著、音楽之友社）

『ベートーヴェン〈不滅の恋人〉の謎を解く』（青木やよひ著、講談社）

『ベートーヴェン』（中野雄著、文春新書）

『ベートーヴェンの言葉』（津守健二著、朝日新聞社）

『ベートーヴェン』（葛西英昭著、国土社）

『ベートーヴェン研究（上）』（山根銀二著、未来社）

『ベートーヴェン研究（中）』（山根銀二著、未来社）
『ベートーヴェン研究（下）』（山根銀二著、未来社）
『ベートーヴェン革新の舞台裏』（平野昭著、音楽之友社）
『ベートーヴェンの遺髪』（ラッセル・マーティン著、白水社）
『ベートーヴェンの精神分析』（福島章著、河出書房新社）
『ベートーヴェン研究』（児島新著、春秋社）
『音と言葉』（ヴィルヘルム・フルトヴェングラー著、白水社）
『ある指揮者の提言』（フェリックス・ワインガルトナー著、音楽之友社）
『朝比奈隆ベートーヴェンの交響曲を語る』（朝比奈隆著、音楽之友社）
『孤独の対話　ベートーヴェンの会話帖』（山根銀二著、岩波新書）
『ベートーヴェン　生涯篇』（属啓成著、音楽之友社）
『死にゆく者からの言葉』（鈴木秀子著、文藝春秋）
『羊と鋼の森』（宮下奈都著、文藝春秋）
『日本のピアノ１００年』（藤間孝則著、草思社）
『ベートーヴェンの真実』（谷克二著、角川書店）
『ベートーヴェンの音符たち』池辺晋一郎著、音楽之友社）

『第九ベートーヴェン最大の交響曲の神話』（中川右介著、幻冬舎）
『ベートーヴェンの本質』（ハンス・メルスマン著、美学社）

著者略歴

岸 伸典（きし しんすけ）

1952年東京都生まれ。1978年慶應義塾大学大学院（機械工学専攻）修了。同年住友金属工業㈱入社。和歌山および鹿島製鉄所にて大径管工場勤務。1985年から約2年間、ラサロ・カルデナス市メキシコ大径管工場（PMT）の建設・操業技術指導業務担当。東京本社にて、パイプライン接合技術開発、環境事業開発業務を担当。その間、新エネルギー・産業技術総合開発機構（NEDO）、（公財）鉄鋼環境基金に出向。2012年定年退職。
1991年、（社）溶接学会・田中亀久人賞受賞。

ハイリゲンシュタットの遺書《いしょ》の真実《しんじつ》
～ベートーヴェンの先進性《せんしんせい》・革新性《かくしんせい》と人間性《にんげんせい》の秘密《ひみつ》～
2021年11月3日　第1刷発行

著　者　　岸伸典
発行人　　久保田貴幸

発行元　　株式会社 幻冬舎メディアコンサルティング
〒151-0051　東京都渋谷区千駄ヶ谷4-9-7
電話　03-5411-6440（編集）

発売元　　株式会社 幻冬舎
〒151-0051　東京都渋谷区千駄ヶ谷4-9-7
電話　03-5411-6222（営業）

印刷・製本　　中央精版印刷株式会社
装丁　　小松清一

検印廃止

ISBN 978-4-344-93562-4　C0095
幻冬舎メディアコンサルティングHP
http://www.gentosha-mc.com/